永遠保有野心、偶爾「標新立異」，
當你選擇勇敢，人生從此

翻轉格局
重新定義成功之路

SHIFTING PERSPECTIVES

顛覆「穩定」，拒絕平庸人生！

自我反思 × 斜槓能力 × 跳脫思維 × 突破設限……
從擴展眼界到強化執行力，學習成功者的思維模式！

西武 著

目錄

Part 1 你以為的穩定，都在悄悄背叛你──
告別舒適區，才能「大開」眼界

你以為的穩定，都在悄悄背叛你⋯⋯⋯⋯⋯⋯⋯⋯⋯010

留退路是會上癮的，走多了，一輩子就只能走下坡路⋯⋯012

遠離了將就和湊合，才能活得更高級⋯⋯⋯⋯⋯⋯⋯015

必須去做自以為辦不到的事⋯⋯⋯⋯⋯⋯⋯⋯⋯⋯⋯018

跳出舒適區，人的變化正是破局的關鍵⋯⋯⋯⋯⋯⋯⋯024

學會打造你的斜槓能力⋯⋯⋯⋯⋯⋯⋯⋯⋯⋯⋯⋯⋯027

格局逆襲──「誘、逼、練、學」激發潛能⋯⋯⋯⋯⋯031

持續學習，解鎖職場各種可能⋯⋯⋯⋯⋯⋯⋯⋯⋯⋯036

Part 2 「一條道走到黑」不是堅持，是固執──
擺脫思維局限，才能提高眼界

從來沒有一條坦途，是通往夢想的路⋯⋯⋯⋯⋯⋯⋯⋯040

是誰說「好馬不吃回頭草」的？⋯⋯⋯⋯⋯⋯⋯⋯⋯⋯042

「一條道走到黑」不是堅持，是固執⋯⋯⋯⋯⋯⋯⋯⋯045

目錄

在沒有嘗試前，不要輕易否定任何一條路⋯⋯⋯⋯⋯⋯047

突破思維定式，要勇於做「出格」的事⋯⋯⋯⋯⋯⋯050

答案往往不止一個⋯⋯⋯⋯⋯⋯⋯⋯⋯⋯⋯⋯⋯⋯⋯054

最直接的往往最有效⋯⋯⋯⋯⋯⋯⋯⋯⋯⋯⋯⋯⋯⋯056

蘋果裡有顆星星，但很多人不知道⋯⋯⋯⋯⋯⋯⋯⋯058

規則是用來遵守的，更是用來打破的⋯⋯⋯⋯⋯⋯⋯060

方向錯了，還感覺全世界都辜負了你⋯⋯⋯⋯⋯⋯⋯065

Part 3 充分肯定別人，你就贏在了氣度和胸懷 ——
你的處世格局，暴露了你的眼界

格局大的人，更善於站在別人的角度看問題⋯⋯⋯⋯070

拒絕有七種方法，如何高級地說「不」⋯⋯⋯⋯⋯⋯073

取得之前，要先付出⋯⋯⋯⋯⋯⋯⋯⋯⋯⋯⋯⋯⋯⋯078

學學聰明人的處世套路⋯⋯⋯⋯⋯⋯⋯⋯⋯⋯⋯⋯⋯083

以退為進的明智之舉⋯⋯⋯⋯⋯⋯⋯⋯⋯⋯⋯⋯⋯⋯085

年輕人，你為什麼總「鑽牛角尖」？⋯⋯⋯⋯⋯⋯⋯089

吃虧是福？那我祝你福如東海⋯⋯⋯⋯⋯⋯⋯⋯⋯⋯092

陌生人是尚未認識的朋友⋯⋯⋯⋯⋯⋯⋯⋯⋯⋯⋯⋯095

充分肯定別人，你可以試試「徵求意見」的魅力⋯⋯100

眼界低的人來質疑你時，要把嘴閉上⋯⋯⋯⋯⋯⋯⋯105

Part 4 野心是成功的特效藥 ——
有目標的人，做事的格局自然不同

野心是成功的特效藥⋯⋯⋯⋯⋯⋯⋯⋯⋯⋯⋯⋯⋯⋯110

以一個可見的目標點燃激情，走向更廣闊的世界⋯⋯⋯112

心中有燈，走到哪兒都有光明⋯⋯⋯⋯⋯⋯⋯⋯⋯⋯116

夢想比條件更重要⋯⋯⋯⋯⋯⋯⋯⋯⋯⋯⋯⋯⋯⋯⋯121

一個人圍著一件事轉，最後全世界可能都會圍著他轉⋯⋯124

Part 5 格局越大的人，越相信努力的意義 ——
眼界的高低不在於事情的大小，而在於執行力

人生所有的機遇，都在你主動尋找的路上⋯⋯⋯⋯⋯⋯128

重要的是目標，更重要的是你有沒有為目標付出努力⋯⋯132

別以為放幾句嘴炮就顯示了你見識有多高⋯⋯⋯⋯⋯⋯135

格局越大的人，越相信努力的意義⋯⋯⋯⋯⋯⋯⋯⋯⋯137

光靠空談，如何過上想要的生活⋯⋯⋯⋯⋯⋯⋯⋯⋯⋯141

你的問題關鍵在於藉口太多，執行力太弱⋯⋯⋯⋯⋯⋯144

拖延症晚期的你，⋯⋯⋯⋯⋯⋯⋯⋯⋯⋯⋯⋯⋯⋯⋯148

只有靠這種方法才能救自己⋯⋯⋯⋯⋯⋯⋯⋯⋯⋯⋯⋯148

直接對準目標，馬上行動⋯⋯⋯⋯⋯⋯⋯⋯⋯⋯⋯⋯152

目錄

Part 6 別讓你的焦慮，拖累你的人生 ──
真正有眼界的人，從來不會輸給情緒

沒人阻止你出人頭地，人往往敗給了恐懼⋯⋯⋯⋯⋯⋯158
控制情緒，重塑我們的內心格局⋯⋯⋯⋯⋯⋯⋯⋯⋯160
別讓情緒牽著鼻子走⋯⋯⋯⋯⋯⋯⋯⋯⋯⋯⋯⋯⋯⋯164
即使處境苦難，也要尋找積極因素⋯⋯⋯⋯⋯⋯⋯⋯⋯167
自卑不是黑暗，它只是矇住了你的眼睛⋯⋯⋯⋯⋯⋯⋯170
二十問法，叫停貪婪⋯⋯⋯⋯⋯⋯⋯⋯⋯⋯⋯⋯⋯⋯174
不是方法的方法，擺脫焦慮有奇效⋯⋯⋯⋯⋯⋯⋯⋯⋯179
嫉妒，眼界開闊的人進步的最大動力⋯⋯⋯⋯⋯⋯⋯⋯183

Part 7 如果不能戰勝對手，那就加入他們 ──
決定你上限的不是能力，而是你的眼界

不會合作，到了出口也出不去⋯⋯⋯⋯⋯⋯⋯⋯⋯⋯⋯192
眼界越高的人越會變著花樣求合作⋯⋯⋯⋯⋯⋯⋯⋯⋯194
有大格局的人，不害怕樹敵，但更願意把對手變成朋友⋯198
不懂訣竅，如何讓生意來找你⋯⋯⋯⋯⋯⋯⋯⋯⋯⋯⋯200
如果不能戰勝對手，就加入到他們之中⋯⋯⋯⋯⋯⋯⋯202
大家都看好時，機會已老了⋯⋯⋯⋯⋯⋯⋯⋯⋯⋯⋯⋯206

如何看準時機……………………………………209
用自己的錢賺錢是「本事」，借別人的錢賺錢是「藝術」……212

目錄

Part 1
你以為的穩定,都在悄悄背叛你
—— 告別舒適區,才能「大開」眼界

Part 1
你以為的穩定，都在悄悄背叛你─告別舒適區，才能「大開」眼界

你以為的穩定，都在悄悄背叛你

　　所有的穩定，其實都是高風險。追求穩定，只會讓自己穩定的受窮。

　　在《黑天鵝》這本書裡提到過這樣一件事：為了保護森林裡的鹿群，政府請獵人殺死了狼，鹿群過上了安穩的生活，結果卻幾乎將所有的樹木啃食殆盡，讓森林失去差點生機⋯⋯

　　最後，政府把狼「請了回來」，才讓森林得以恢復生息。

　　明明政府獵殺狼的初衷，是為了給鹿群一個穩定的環境，卻沒想到這種「穩定」，不僅會毀了森林，也會滅了鹿群。

　　有些事情，總在你還認為「理所當然」的時候發生，不僅來得始料未及，還會有種受到背叛的感覺。

　　「我今年36了，我的青春都交給收費了，我現在什麼也不會，也沒人喜歡我們，我也學不了什麼東西了。」這句話你是不是很耳熟？這是2018年年初收費站取消事件當時的一位收費員小姐說的。本以為在收費站工作，清閒事少、薪資穩定，沒想到時代變化太快，曾經的穩定飯碗，一夕間說砸了就砸了。

　　如果這種「穩定」也叫穩定的話，只能稱之為穩定的受窮。沒有競爭的工作，讓人們安於現狀，不再上進，眼界自然會「窮」；沒有競爭的工作，穩定是有的，但做了十年二十年，薪

資也不會有太多漲幅,可物價的上漲卻會把所謂的穩定變得一無是處。

你不要總固守著自己的那一小塊天空,捨棄不下熟悉的環境和所謂的「安穩」。正所謂「流動才有活力」,很難想像一個安於現狀的年輕人能夠有多大的突破,有好的成就。在社會競爭普遍激烈的今天,如果你還以為一輩子的安穩就是安樂窩的話,那你遲早要被社會淘汰。如果有人現在就做好了一輩子的打算,那麼請他告訴我,除了棺材還有什麼?

除此之外,你還應該保持運動的狀態,這樣才能對社會的變動保持敏感的反應。只有那些學習「鯉魚躍龍門」,勇於打破自己固有的生活意識和狀態的人,才能擁有更加廣闊的發展空間。

那些天生喜歡折騰的人,看上去很「辛苦」,其實很幸運,因為他們主動跳出了穩定,在折騰中開闊了眼界,也鍛鍊了自己的能力,反而提高了自己成為人生贏家的可能性。所以,別再求穩定了,學著去折騰自己吧。

Part 1
你以為的穩定，都在悄悄背叛你──告別舒適區，才能「大開」眼界

留退路是會上癮的，
走多了，一輩子就只能走下坡路

　　有的時候，你給自己留的退路就像蝸牛背上那重重的殼，只是給自己套上了一層防護罩，使自己擁有了一種虛妄不實的安全感。然而就是因為這虛妄的安全，輕易地限制了你的成長空間，也限制了你的格局。

　　西元前1世紀，凱薩大帝率領他的軍隊抵達了英格蘭，他決心要贏得這場戰爭，不管遇到什麼情況都不會退卻。為了讓士兵們擁有必勝的決心和信心，也為了斷絕士兵們逃跑退縮的念頭，凱薩命令士兵將運載他們的所有船隻全部燒毀，這使得軍隊的士氣受到了莫大的鼓舞，最終，他們在這場戰爭中獲得了勝利。

　　背水一戰、破釜沉舟的軍隊往往能獲得勝利，同樣，一個做事不留退路、一心向前的人，不管遇到什麼困難和阻礙，他都不會後退，因為他沒有路可以退，而那些在為自己準備退路的人，同時就是在後退，他們立志不堅，把精力和時間投入到退縮的準備上，這種人絕不會獲得成功。

　　很多人在處理重要問題的時候，總是喜歡將這些問題暫且擱置在一邊，等以後再做，他們沒有決定的勇氣和魄力，總是在著手做事的時候給自己留一條後路，以免沒有出路，對於他

們來說，退路就是出路，但是事實證明，這樣是不會有任何成就的。

有的時候，你給自己留的退路就像蝸牛背上那重重的殼，只是給自己套上了一層防護罩子，使自己擁有了一種虛妄不實的安全感。然而就是因為這虛妄的安全，讓你輕易地放棄了豐富多彩的生活和廣大的空間。

蝸牛為什麼有殼？那也是因為牠永遠都給自己一種保全的觀念，永遠給自己留了一個「萬一」。一個人為什麼不能堅持到底？我想也是因為他根本就沒有傾盡全力，他總是事先就給自己留好了退路。實際上，一個人能否成功，關鍵在於他意志力的強弱。

意志堅強的人不管遇到什麼困難和障礙，都會百折不撓，想方設法地克服；意志薄弱的人一遇到麻煩，甚至在挫折還沒有到來之前，他們就開始庸人自擾、徬徨失措，把精力都放在如何規避問題上，放在為自己鋪設後路上。留退路是會上癮的，走多了，一輩子就只能走下坡路，當困難一個接一個到來時，他們就一步接一步後退，直到最後無路可退。

現實生活中，這樣的人並不少。他們富有上進心，希望有一番成就和作為，但是他們意志薄弱，沒有必勝的決心，不敢破釜沉舟；他們始終左搖右擺，沒有堅定的信念，一遇到挫折和困難，馬上就縮回了進取的手和腳。這樣的人、這樣的心

Part 1
你以為的穩定，都在悄悄背叛你－告別舒適區，才能「大開」眼界

態，最後會遭受失敗一點也不足為奇。

不給自己留後路，讓自己沒有迴旋的餘地，方能竭盡全力、銳意進取，就算遇到千萬個困難，也不會退縮，因為回頭也沒有路了，只能不顧一切地前進，也許還能找到一線希望。有了這樣一種「拼命」和「豁出去」的信念，我們才能徹徹底底地消除心中的恐懼、猶豫和膽怯。

當一個人不給自己任何退路的時候，他就什麼都不怕了，勇氣、信心、熱忱等從心底油然而生，到最後自然能「置之死地而後生」。就像蝸牛沒有了殼，那牠就一定不再是無骨無脊的軟體動物，牠也一定能長出健壯的身體，生出有力的翅膀，一定能脫離卑汙、潮溼、陰暗的生存困境，擺脫依賴與怯懦，不再無奈地生存。

所以說，面對嚴峻的問題和重要環節，周全而細緻地考慮問題的各個方面也是應該的，但是過多地權衡，前怕狼後怕虎，一會兒這樣一會兒那樣，最終卻還是原樣。如果是這樣的話，那我可以肯定地說，你不會取得任何進展，甚至還會把事情弄得一塌糊塗。要知道，出路和退路不是同義詞，而是反義詞，留退路就沒有出路。因此，你應該只找出路，不留退路。

遠離了將就和湊合，才能活得更高級

如果你的人生得過且過，對人生沒有要求，只能說明，你在變得越來越平庸，越來越沒追求。只有遠離了將就和湊合，才能讓生活高級且豐盈。

古希臘時，住在農村裡的魯爾和克爾威遜兩個人，為了一較高下，打賭看誰能離開家鄉走得更遠。於是，倆人騎著馬各自往不同的方向出發。

魯爾走了十三天之後，心想：「我還是停下來吧，因為我已經走了很遠了，他肯定沒有我走得遠。」於是，他停了下來，休息了幾天，掉轉馬頭返回家鄉，重新開始他的農耕生活。而克爾威遜走整整了七年，毫無音訊，人們都以為他為了一場沒有必要的打賭而丟了性命。

有一天，一支浩浩蕩蕩的隊伍向村裡開來，村裡的人不知道發生了什麼大事。當隊伍臨近時，村裡有人驚喜地叫道：「那不是克爾威遜嗎？」消失了七年的克爾威遜已經成了軍中統帥。

他下馬後，向村裡人致意，然後說：「魯爾呢？我要謝謝他，因為那個打賭讓我有了今天。」魯爾羞愧地說：「祝賀你，好夥伴，我至今還是農夫！」

暫時滿足的心態只會使你低人一等。在生活中，有多少人都是這樣成為低人一等者的呀？

Part 1
你以為的穩定，都在悄悄背叛你－告別舒適區，才能「大開」眼界

　　一個有活力、有計畫的人，一定會不辭勞苦，堅持不懈地向前邁進，他們從來不會想到「得過且過」這樣的話。

　　然而，生活中不缺乏這樣的人，不止一次地想減肥、想學習……可在三分鐘熱度之後又不了了之，然後周而復始，在得過且過中，埋沒掉自己所有的激情和熱血。如果你對現狀心滿意足，日復一日地得過且過，不再將時間花在提升自己上，那麼你的眼界和見識，將永遠停留在原來的那塊區域裡。

　　打起精神來！去為你的想法、你的目標付出努力，雖然未必能夠使你立刻有所收穫，或得到物質上的安慰，但它能夠充實你的生活，使你獲得無限的樂趣，這是無法否認的事實。那些讓人功成名就的大事，絕非那些做事「得過且過」的人所能完成的，只有那些意志堅定、不辭辛苦、十分熱心的人才能達成別人所無法企及的的事業。

塑造一個最好的自己

　　在美國西部，有個天然的大洞穴，它的美麗和壯觀超乎人們的想像。但是，這個大洞穴從來沒有被人發現過，但沒有人知道它的存在，它的美麗也毫無用處，直到有一天，一個牧童偶然來到洞穴的入口處，從此，新墨西哥州的綠巴洞穴成為舉世聞名的勝地。

　　科學研究顯示，我們每個人都有 140 億個腦細胞，一個人

窮其一生只會動用到其中的極小部分，深不可測的潛力對人類而言，就像是許多未發現的「綠巴洞穴」。正如美國詩人惠特曼（Walt Whitman）的詩中所說：

我，我要比我想象的更大、更美

在我的，在我的體內

我竟不知道包含這麼多美麗

這麼多動人之處……

人是萬物的靈長，是宇宙的精華，我們每個人都具有光大生命的本能。為「生命本能」效力的就是人體內的創造機能，它能創造人間的奇蹟，也能創造一個最好的你。

我們每個人心裡都有一幅「心理藍圖」或一幅自畫像，有人稱它為「自我心像」。自我心像猶如電腦程式，直接影響它的運作結果。如果你的心像想的是做最好的自己，那麼你就會在你內心的「螢幕」上看到一個躊躇滿志、不斷進取的自我。同時，還會經常聽到「我做得很好，我以後還會做得更好」之類的訊息，這樣你注定會成為一個最好的你。

美國思想家愛默生（Ralph Emerson）說：「人的一生正如他一天中所設想的那樣，你怎樣想像，怎樣期待，就擁有怎樣的人生。」美國赫赫有名的鋼鐵大王安德魯・卡內基（Andrew Carnegie）就是一個能充分發揮自己創造機能的楷模。他12歲時由蘇格蘭移居美國，最初在一家紡織廠當工人，當時他的目

標是「做全工廠最出色的工人」。因為他經常這樣想，也是這樣做，終於成為全工廠最優秀的工人。後來，命運又安排他當郵差，他想的是怎樣「做全美最傑出的郵差」。結果，他的這一目標也實現了。他的一生總是根據自己所處的環境和地位塑造最佳的自己，他的座右銘就是「做一個最好的自己」。

必須去做自以為辦不到的事

如果你不敢對自己下狠手，就輪到生活對你下狠手。但凡活得很膽怯的人，都是不敢冒險的人。

利奧・巴士卡利雅（Leo Buscaglia）說：「有希望就有失望的危險，嘗試也有失敗的可能。但是不嘗試如何能有收穫？不嘗試怎麼能有進步？不做也許可以免受挫折，但也失去了學習或愛的機會。一個把自己限於牢籠中的人，是生活的奴隸，無異於喪失了生活的自由。只有勇於嘗試的人，才擁有生活的自由，才能衝破人生難關。」

這正是他本人生活的總結。小時候，人們常常告誡他，一旦選錯行，夢想就不會成真，並告訴他，他永遠不可能上大學，勸他把眼光放在比較實際的目標上。但是，他沒有放棄自己的夢想，不但上了大學，還拿到了博士學位。當他決定拋棄已

有的一份優越工作去環遊世界時,人們說他最終會為此後悔,並且拿不到終生教職,但是,他還是上了路。結果,回來後不但找到了一份更好的工作,還拿到了終生教職。當他在南加州大學創辦有關愛的課程時,人們警告他,他會被當作瘋子。但是,他覺得這門課很重要,最終還是開了。結果,這門課改變了他的一生。他不但在大學中教這樣的課程,還在廣播中、電視上舉辦關於愛的講座,因此他受到美國公眾的歡迎,成為家喻戶曉的愛的使者。他說:「每件值得的事都是一次冒險。怕輸就錯失遊戲的意義。冒險當然有帶來痛苦的可能,可是不去冒險的空虛感更痛苦。」

事實上,無論我們選擇試還是不試,時間總會過去。不試,什麼也沒有;試,雖然有風險,但總比空虛度過豐富,總會有收穫。這裡有一個讓我們能鼓起勇氣來嘗試的思考方式,即可能發生的最壞的事情是什麼?

柯德特在紐約市一家公司裡有一個舒適的職位,但是他想當自己的老闆,到新罕布夏州經營自己的小生意。他問自己:如果失敗了,最壞的結果是什麼呢?他想到了傾家蕩產。然後,他繼續問自己:傾家蕩產後最壞的事情是什麼?答案是他不得不做任何他能得到的工作。之後,最壞的事情可能是他會厭惡這種工作,因為他不喜歡受僱於別人。最終,他會再找一條路子去經營自己的生意,而這一次因為有了上一次失敗的教

Part 1
你以為的穩定，都在悄悄背叛你─告別舒適區，才能「大開」眼界

訓，他懂得了如何避免失敗，他就會離成功不遠。這樣想過之後，他採取了行動，去經營自己的生意，並真的獲得了成功。他總結說：「你的生活不是試跑，也不是正式比賽前的準備活動。生活就是生活，不要讓生活因為你的不負責任而白白流逝。要記住，你所有的歲月最終都會過去的，只有做出正確的選擇，你才配說你已經活過了這些歲月。」「艱苦的選擇，如同艱苦的實踐一樣，會讓你全力以赴，會讓你更有力量，躲避和隨波逐流是很有誘惑力，但是有一天回首往事，你可能會意識到隨波逐流也是一種選擇──但絕不是最好的一種。」

只有當我們選擇嘗試時，我們才能不斷發現自己的潛力，從而找到最適合自己的事業，並衝破人生難關。

勇於冒險才會成功

無論何時，只要嘗試做事的新辦法，人們就要把自己推向冒險之途。假如你想致力於改良事物的現況，就不得不欣然冒險。用羅斯福（Franklin Roosevelt）總統夫人愛蓮娜（Anna Eleanor Roosevelt）的話說就是：我們必須去做自以為辦不到的事。

成功最大的特色就是具有想用新的點子做試驗及冒險的意願。進取的人和普通人最明顯的差別就在於：進取型的人在態度上勇於冒險，且具有創新觀念，能鼓舞他人去嘗試一無所知的事物，而非盡玩些安全的遊戲。他們之所以勇於冒險，是因

為有冒險精神的驅動。如果做事怕冒險的話就沒辦法把事情做好了。而要冒險，一定要有足夠的勇氣及資本。所謂的資本是指冒險精神，光憑著第六感覺或運氣，是沒辦法安然渡過大大小小的風險的，如果一切都在計畫之內、意料之中，也就算不上什麼冒險了，冒險精神就是在無法確定的複雜情勢下，發揮它的神奇魔力的。

說到冒險精神，人們就會聯想到發現美洲新大陸的哥倫布（Christopher Columbus）。

哥倫布還在求學的時候，偶然讀到一本畢達哥拉斯（（Pythagoras）的著作，書上說地球是圓的，他就牢記在腦子裡。經過很長時間的思索和研究後，他大膽地提出，如果地球真是圓的，他便可以經過極短的路程到達印度了。

自然，許多有常識的教授和哲學家都嘲笑他的意見。因為他想向西方行駛而到達東方的印度，豈不是痴人說夢嗎？他們告訴他：地球不是圓的，而是平的，然後又警告道，他要是一直向西航行，他的船將駛到地球的邊緣而掉下去……這不是等於走上自殺之路嗎？

然而，哥倫布對這個問題很有自信，只可惜他家境貧寒，沒有錢讓他去實現這個理想。他想從別人那兒得到一點兒錢，助他成功，但一連空等了17年，還是失望，所以他決定不再向這個「理想」努力了。雖然當時他還不到50歲，但是因為使他憂慮和失望的事情太多了，他的紅頭髮也完全變白了。

Part 1
你以為的穩定，都在悄悄背叛你─告別舒適區，才能「大開」眼界

　　灰心的哥倫布，這時只想到西班牙的修道院，度過其後半生。正在這時候，羅馬教皇卻慫恿西班牙女王伊莎貝拉（Isabel I la Católica）幫助哥倫布。教皇先送了65元給哥倫布，算是路費；但哥倫布自覺衣服過於襤褸，便以這些錢買了一套新裝和一頭驢子，然後啟程去見伊莎貝拉，沿途窮得竟以乞討餬口。女王讚賞他的理想，並答應賜給他船隻，讓他去從事這種冒險的工作。

　　不幸的是，水手們都怕死，沒人願意跟隨他去。於是，哥倫布鼓起勇氣跑到海濱，找到幾位水手，說服他們跟隨他。此外，他又請求女王釋放了獄中的死囚，允許他們如果冒險成功，就可以免罪恢復自由。

　　1492年8月，哥倫布率領三艘船，開始了一次劃時代的航行。剛航行幾天，就有兩艘船壞掉了，接著哥倫布的船隊又在幾百平方公里的海藻中陷入了進退兩難的險境。他親自撥開海藻，才得以繼續航行。在浩瀚無垠的大西洋中航行了六七十天，也不見大陸的蹤影，水手們都失望了，他們要求返航，否則就要把哥倫布殺死。哥倫布兼用鼓勵和高壓手段，總算說服了船員。

　　也是天無絕人之路，在繼續前進中，哥倫布忽然看見有一群飛鳥向西南方向飛去，他立即命令船隊改變航向，緊跟這群飛鳥。因為他知道海鳥總是飛向有食物和適於它們生活的地方，所以他預測附近可能有陸地。果然，他們很快發現了美洲

必須去做自以為辦不到的事

新大陸。

當他們返回歐洲報喜的時候，又遇上了四天四夜的大風暴，船隻面臨沉沒的危險。在十分危急的時刻，哥倫布想到的是如何使全世界都知道他的新發現。於是，他將航行中所見到的一切寫在羊皮紙上，用蠟布密封後放在桶內準備在船毀人亡後，使自己的發現留在人間。

哥倫布他們總算很幸運，終於脫離了危險，勝利返航了。

如果哥倫布沒有不怕困難、不怕犧牲、勇往直前的進取精神，「新大陸」能被早日發現嗎？正是因為他的冒險精神，才促使他能探險成功。

看看哥倫布，再看看我們自己，我們沒有任何理由不讓自己建立起勇於打破傳統框架，勇於去冒險的堅定信念。然而可悲的是，在華人的傳統觀念中，崇尚「穩中求勝」，認為「凡人世險奇之事，絕不可為。或為之而幸獲其利，特偶然耳，不可視為常然也。可以為常者，必其平淡無奇，如耕田讀書之類是也。」可是，隨著時代的發展，這種思想已明顯落伍。

常人的機遇，常人的成功，往往存在於危險之中，你想要美好的機遇嗎？你想要事業的成功嗎？那就要敢冒風險，投身危險的境地，去探索、去創造，不要瞻前顧後，不要懼怕失敗。

Part 1
你以為的穩定，都在悄悄背叛你─告別舒適區，才能「大開」眼界

跳出舒適區，人的變化正是破局的關鍵

「恐龍族」的最大毛病就是，無法視變化為正常現象。他們沒有適應變化的能力，包括步調、新觀念、做事的彈性和效率等；他們更不會探索自身的潛能，遇到變故，寧可坐以待斃，也不會主動變通。

一億年前，地球上到處是體積龐大的恐龍。後來地球上發生變故，恐龍在很短的時間內滅絕。迄今為止，科學家還不能確定當時究竟發生了什麼，但唯一能確定的是，恐龍因為無法適應這種變故，才會遭遇絕跡的下場。

能變通才能生存，「物競天擇，適者生存」的準則，不僅適用於上古時代，同樣適用於科技文明的現代社會。無論是生物學家還是經濟學家都承認，在一場激烈的競賽中，凡是不能適應者，都會被淘汰。

商場如戰場，刀槍本無情，如果一個人在作戰的中途倒下，則表明其生存的條件不夠。不幸的是，在各個工作場所中，我們可以看到仍然有太多的「恐龍族」存在。這些「恐龍族」的特徵大致如下：頑固、嚴苛、立定不前、缺乏彈性。

在工作上，「恐龍族」最大的障礙就是無法適應環境。在他們周圍有許多學習新技術、繼續深造、更換職務、創新企業的機會，但他們往往視而不見，根本無心尋求新的突破。

跳出舒適區，人的變化正是破局的關鍵

工作與生活永遠是變化無窮的，我們每天都可能面臨改變：新的產品和新服務不斷上市，新技術不斷被引進，新的任務被交付，新的同事、新的老闆……這些改變，也許微小，也許劇烈。但每一次的改變，都需要我們調整心態重新適應。

面對改變，意味著對某些舊習慣和老狀態的挑戰，如果你緊守著過去的行為與思考模式，並且堅信：「我就是這個樣子。」那麼，嘗試新事物就會威脅到你的安全感。

「恐龍族」不喜歡改變，他們安於現狀，沒有野心，沒有創新精神，沒有工作熱忱，不設法改進自己，不讓自己有資格做更好的工作。

「恐龍族」不肯承認改變的事實，他們不願為自己製造機會，而情願受所謂運氣、命運的擺布。因為不相信自己能掌握命運，所以會選擇錯誤，不是在平坦的道路上蹣跚前進，就是一輩子坐錯位置。

不再成長，使得「恐龍族」過去所有的優點，逐漸都變成缺點。譬如，對工作的野心轉變為勾心鬥角、玩弄權術，對公司的忠誠轉變為對上司逢迎拍馬，卻對下屬粗率無禮。他們讓自己受制於困境，恐懼局限了他們的眼界，當然也降低了他們行事的能力。

「恐龍族」忘記了一個很重要的道理：一個人能否獲得成就，相當程度在於他是否願意標新立異、勇於嘗試。眼界開闊

Part 1
你以為的穩定,都在悄悄背叛你─告別舒適區,才能「大開」眼界

的人,樂於冒險、喜歡試驗,能變通,而這些才是獲得成功的途徑。

變化是最好的適應法則

一位搏擊高手參加比賽,自負地以為一定可以奪得冠軍,卻不料在最後的競賽上,遇到一個實力相當的對手。雙方都竭盡全力出招攻擊,搏擊高手警覺到,自己竟然找不到對方招式中的破綻,而對方的攻擊往往能夠突破自己的防守。

他憤憤不平地回去找到師父,一招一式地將對方和他對打的過程演練給師父看,並央求師父幫他找出對方招式中的破綻。

師父笑而不語,在地上畫了一條線,要他在不擦掉這條線的情況下,設法讓這條線變短。

搏擊高手苦思不解,最後還是放棄思考,請教師父。

師父在原先那條線的旁邊,又畫了一條更長的線,兩者相比之下,原先的那條線看起來變得短了許多。

師父開口說:「奪得冠軍的關鍵,不在於如何攻擊對方的弱點。正如地上的長短線一樣,只要你自己變得更強,對方正如原先的那條線一般,也就無形中變得弱小了。如何使自己更強,才是你需要思索的。」

大自然的法則就是:物競天擇,適者生存。現在是競爭時代,這是世人皆知的道理。人們所欣賞的那些成功人物都是透

過變化和不斷創新而逐漸脫穎而出，成為各個領域的佼佼者的。

天才並不是天生的強者，他們的意識與自我創新力並非與生俱來，他們的眼界和格局不是一蹴而就，而是透過後天的努力逐漸形成。從他們身上，我們學到提高眼界、提升格局的最好法則就是創新和變化。

學會打造你的斜槓能力

故步自封和過度的自我滿足讓有些人的眼界變得越來越小，寧可在暫時的安逸中沉緬，也不願提高自身的能力和競爭力，以適應環境變化的做法，和坐井觀天的青蛙的行為如出一轍。

有一隻青蛙生活在井裡，這裡有充足的水源。它對自己的生活很滿意，每天都在歡快地歌唱。

有一天，一隻鳥兒飛到這裡，便停下來在井邊歇歇腳。青蛙主動打招呼說：「喂，你好，你從哪裡來啊？」

鳥兒回答說：「我從很遠很遠的地方來，而且還要到很遠很遠的地方去，所以感覺很累。」

青蛙很吃驚地問：「天空不就是那麼大點兒嗎？你怎麼說是很遙遠呢？」

Part 1
你以為的穩定，都在悄悄背叛你―告別舒適區，才能「大開」眼界

鳥兒說：「你一生都在井裡，看到的只是井口大的一片天空，怎麼能夠知道外面的世界呢！」

青蛙聽完這番話後，驚訝地看著鳥兒，一臉茫然不知所措的樣子。

這是一個我們早已熟知的故事，或許你會感到好笑，但在現實生活中，仍然可以見到許許多多的「井底之蛙」，陶醉在自我的狹小領域中。這種自以為是的榮耀感，只會導致目光的短淺和心胸的狹窄。資訊的落後和自我的張狂會讓自己和現實離得越來越遠，特別是在競爭日趨激烈的今天，故步自封和過度的自我滿足只會讓你的眼界越來越小，並時刻有被淘汰的危險。因此，每個人都應該走出「小我」，積極地提升自身的能力，並開闊自己的視野，才能在洶湧的時代大潮中立於不敗之地。

接下來，我們再講一個關於青蛙的故事。

在19世紀末，美國康乃爾大學做過一次有名的青蛙實驗。他們把一隻青蛙冷不防地丟進煮沸的油鍋裡，在那千鈞一髮的生死關頭，青蛙用盡全力，一下就躍出了那勢必使它葬身的滾燙的油鍋，跳到鍋外的地面上，安全逃生。半小時後，他們使用同樣的鍋，在鍋裡放滿冷水，然後又把那隻死裡逃生的青蛙放到鍋裡，接著用炭火慢慢烘烤鍋底。青蛙悠然地在水中享受「溫暖」，等它感覺到已經承受不住水的溫度，必須奮力逃命

時，卻發現為時已晚，欲躍無力。青蛙全身癱瘓，終於葬身在熱鍋裡。

生活中，我們隨處可以看到，許多人安於現狀、不思進取，在渾渾噩噩中度日，害怕去面對不斷變化的環境，更不願增強自己的本領，發揮自身的優勢去適應變化，最終在混吃等死中消磨了所有的生命能量。

不少人會有這樣的體驗，雖然每天準時上班，每天按計畫完成該做的事，但總覺得生活得呆板、缺乏活力。似乎該做的事都已經做了，生活中再也找不到還能去做選擇和努力的地方。

問題出在哪裡？從表面看，是因為反覆遵循著同樣的生活方式，沒有新鮮的感受，沒有新的創意生成，產生了厭倦和疲勞，使身心感到耗竭；再往更深的層次看，也許是目標定得不夠高，成功後就再看不到更高的奮鬥目標了；也許有著不切實際的預期，導致無論學業、事業多麼成功，都滿足不了預期的希望；或者把自己的目標定得太窄，使生活變得刻板，沒有一點活力。

打造你的斜槓能力

「斜槓」一詞源於英文「Slash」，出自《紐約時報》專欄作家瑪奇・阿爾堡（Marci Alboher）的書籍《雙重職業》（*One Person, Multiple Careers*）。「斜槓青年」，指的是這樣一個人群：他們不滿足單一職業和身分的束縛，而是選擇一種能夠擁有多重職業

Part 1
你以為的穩定，都在悄悄背叛你─告別舒適區，才能「大開」眼界

和多重身分的多元生活。

說到斜槓青年，不得不提到一個傑出代表 —— 班傑明·富蘭克林（Benjamin Franklin），他是舉世聞名的政治家、外交家、科學家和作家，他的多方面才能令人驚嘆：他四次當選為賓夕法尼亞州的州長；他制定出《新聞傳播法》；他發明了口琴、搖椅、路燈、避雷針、雙焦距眼鏡、顆粒肥料；他設計了富蘭克林式的火爐和夏天穿的白色亞麻服裝；他最先組織消防廳；他首先組織道路清掃部；他是政治漫畫的創始人；他是美國最早的警句家；他是美國第一流的新聞工作者，也是印刷工人；他創設了近代的郵信制度；他想出了廣告用插圖；他創立了議員的近代選舉法；富蘭克林的自傳是世界上最受歡迎的自傳之一，僅在英國和美國就重印了數百次，現在仍被廣泛閱讀⋯⋯

誠然，像富蘭克林這樣勇於涉足嘗試，並在各方面都顯示出卓越才能的人是少見的。可是，這也足以說明：只要願意，人無所不能。作為普通人，雖然我們不可能在各方面都有所建樹，但如果我們勇於求新求變，試著涉足更廣闊的領域，即使不能功成名就，也會使生活變得更加豐富多彩。長期單調乏味的生活常常會使最有耐性的人也覺得忍無可忍，讀到這裡，你完全應該相信：你還可以做好很多事情。

格局逆襲 ──「誘、逼、練、學」激發潛能

普通人的悲哀不在於他們不去努力，而在於總愛給自己設定許多的框架，這種框架無意之間限制了人們想像的空間，以及創造的潛能和奮進的範圍，看似一天到晚在忙碌，實際上自己已經套上了可怕的「緊箍咒」，最終注定碌碌無為。

科學家曾做過一個有趣的試驗：

他們把跳蚤放在桌子上，一拍桌子，跳蚤迅即跳起，跳起高度均在其身高的100倍以上，堪稱世界上彈跳力最好的動物。然後，在跳蚤頭上罩一個玻璃罩，再讓牠跳。這一次，跳蚤碰到了玻璃罩。連續多次後，跳蚤改變了起跳高度以適應環境，每次跳躍高度總保持在罩頂以下。接下來，逐漸改變玻璃罩的高度，跳蚤都在碰壁後主動改變跳躍的高度。最後，玻璃罩接近桌面，這時跳蚤已無法再跳了。於是，科學家把玻璃罩開啟，再拍桌子，跳蚤仍然不會跳，變成「爬蚤」了。

跳蚤變成「爬蚤」，並非它喪失了跳躍的能力，而是由於一次次受挫學乖了、習慣了、麻木了。最可悲之處就在於，玻璃罩已經不存在了，牠卻連「再試一次」的念頭都沒有。玻璃罩已經罩在了潛意識裡，罩在了心靈上，行動的慾望和潛能被自己扼殺。科學家把這種現象叫做「自我設限」。

「自我設限」是人生的最大障礙，如果想實現它，我們就必

Part 1
你以為的穩定，都在悄悄背叛你—告別舒適區，才能「大開」眼界

須不怕碰壁。這時，我們就用得著「飢渴精神」了。如果那隻跳蚤永遠想著「外面有美味可以填飽肚子」，那牠就永遠都不會放棄跳躍，除非生命終結。

無獨有偶，自然科學家尚－亨利・法布爾（Jean-Henri Fabre）也曾利用毛毛蟲做了一個很不尋常的試驗：

這些毛毛蟲盲目地跟著前面的毛毛蟲走，所以牠們又叫遊行毛毛蟲。法布爾很小心地安排牠們圍著花瓶的邊緣，走成一個圓圈。花瓶的旁邊則放了一些松針，這是毛毛蟲喜歡的食物。毛毛蟲開始繞著花瓶走，它們一圈又一圈地走，一連七天七夜，一直圍著花瓶團團轉。最後，牠們最終筋疲力盡而死去。在不到 20 厘米遠的地方就有豐富的食物，而牠們卻飢餓致死，因為牠們把活動與成就弄混了。

有些人就像毛毛蟲一樣，放棄主宰自己的生命和命運，按照別人的意願過日子，不能夠自主地生活。這種人的突出特點就是盲從，他們沒有目標，就像一艘沒有舵的船，永遠漂流不定，只會到達失望、失敗和喪氣的岸邊。

還有一些人會犯毛毛蟲所犯的錯誤，結果只能從豐富的生活中獲得小部分成果而已，他們跟著大家繞圈子，根本不到別的地方去；他們遵循既定的方法與步驟，沒有別的理由，因為「大家都那樣做」和「大家都認為應該那樣做」。

其實，深究起來，這兩個小試驗反映出來的結果揭示了極

為深刻的寓意。上述兩種人的悲哀不在於他們不去努力，而在於總愛給自己設定許多的框架，這種框架無形中限制了人們想像的空間，以及創造的潛能和奮進的範圍，看似一天到晚在忙碌，實際上自己已經套上了可怕的「緊箍咒」，最終注定碌碌無為。敢於打破自我設定的障礙，多一點超越，少一點盲從，眼界和格局就會變得不一樣，世界也會變得不一樣。

喚醒心中的巨人

任何人都應該有這樣一種抱負，那就是在人生中做一些獨特的、帶有個人特徵的事情，從而讓自己免於平庸和世俗，並使自己遠離毫無目標、無精打采的生活。最理想的抱負就是植根於現實土壤的切實目標，在自身能力範圍之內盡可能地追求卓越。

所以說，真正需要喚醒的是你自己，我們每個人都應當盡可能地挖掘自身的潛能，激發自己的雄心壯志。

很多時候，某些我們極其敬仰而又能鼓舞人心的人對我們的信任和鼓勵，或者是當他人對我們表示懷疑時，另一些人卻毫不猶豫地對我們的才能表示肯定，都可能激發出我們的雄心，並使我們在一瞬間看到無窮的機會。或許在當時我們並沒有對此給予太多的關注，但它很可能成為我們職業生涯中的一個轉捩點。

Part 1
你以為的穩定，都在悄悄背叛你─告別舒適區，才能「大開」眼界

生活中，有無數人是在閱讀一本激勵人心的書或是一篇感人至深的勵志美文時突然感到靈光一閃，驚地發現了一個嶄新的自我。如果沒有這些書或者文章，他們可能會永遠對自身的真實能力懵懂無知。任何能夠讓我們真正認識自己、能夠喚醒我們的潛能的東西都是無價之寶。

問題在於，我們中絕大多數從來沒有被喚醒過，或者是直到生命的盡頭才真正意識到自身的能力，但往往為時已晚，再也不可能有大作為了。因此，非常重要的一點就是，在我們年輕時就應當對自身的潛能有清楚的認知，唯其如此，我們才可能有效地發掘生命的潛力，在最大意義上實現自我的價值。

大多數人在離開這個世界時，還有相當大的一部分潛能尚未開發。他們只是使用了自身能力中很小的一部分，而其他更珍貴的財富卻白白地閒置著，原封未動。

由此可知，最大化地開發一個人的潛能，已成為每個人一生要面對的重要課題。那如何才能將潛能完全開發出來呢？其實，潛能開發的途徑有許多，但從成功學的角度而言，主要有四個方面，即「誘、逼、練、學」。

■ 「誘」就是引導

尋求更大領域、更高層次的發展，是人生命意識裡的根本需求。「這山望著那山高」、「喜新厭舊」是人的本性。因此，具有主體自覺意識的自我，有理性的自我，是絕不願意停留在任何

一種狹小的、有限的狀態之中的,而總是想不斷開拓以取得更大的發展(成功),從而更好地生存。這種熾熱的、旺盛的發展需要是渴望成功的表現,是潛能蓄勢待發的前兆。只要對這種發展意識給予有益的暗示、引導、規劃和培育,就能很好地激發、釋放潛能。

■ 「逼」就是逼迫

人是一個複雜的矛盾體,既有求發展的需要,又有安於現狀、得過且過的惰性,能夠臥薪嘗膽、自我警醒的人少之又少。更多的人需要的是鞭策和當頭棒喝式的指引,而「逼」就是「最自然」的好辦法。人們常說的「壓力就是動力」,就是這個意思。因此,被逼不是「無奈」,被逼是福。

要麼是被「看得起」委以重託,要麼是有好運氣,否則不會「逼」到你的頭上來。你有了,別人就失去了。

被逼,心態就會改變;被逼,就會有明確的目標;被逼,就會分清輕重緩急,抓緊時間;被逼,就會馬上行動。不尋求突破、不創新,就休想跨過那道名為「成功」的檻,於是潛能在一逼之下迅速集聚並爆發,如核聚變。

逼自己,就是戰勝自己,必須比自己的過去更新;逼自己,就是超越競爭,必須比別人更新。別人想不到,我要想到;別人不敢想,我敢想;別人不敢做,我來做;別人認為做不到,我一定要做到,潛能的力量是巨大的!

Part 1
你以為的穩定，都在悄悄背叛你─告別舒適區，才能「大開」眼界

人的潛能也遵循「馬太效應」，越開發、越使用，就越多、越強。

生命力是從壓力中體現出來的。生命力就是創新能力，就是創造力，就是人的潛能，也就是競爭力。

■「練」就是練習

此處特指專家為開發人的潛能而專門設計的練習、題目、測驗、訓練，如腦筋急轉彎、一分鐘推理等，多做有益。另外，還包括「潛意識理論與暗示技術」、「自我形象理論與觀想技術」、「成功原則和光明心態技術」、「情商理論與放鬆入靜技術」等。

■「學」就是學習

學習絕對是增加潛能基本儲量及促使潛能發揮的最佳方法，知識豐富必然聯想豐富，而智力水準正是取決於神經元之間訊息連線的面和資訊量。

持續學習，解鎖職場各種可能

決定一個人成功與否的要素，並不在於他的智商有多高，或者他的學歷有多高，而在於他的眼界和格局。而眼界和格局

外化出來的一種表現，是你是否有持續學習的能力。

有一個員工很不滿意自己的工作，他憤憤地對朋友說：「我在公司裡一點兒也不受重用，我想辭職了。」

「你對你的上司要求擔當更重要的職責了嗎？」他的朋友反問。

「沒有！」

「你可以試著向你的上司提出這樣的要求，如果不這樣，你就不會受到重視。另外我建議你先把公司的一切業務以及管理經驗都好好地學到手，然後向上司提出自己的要求，如果上司還不重用你，你再一走了之，不是既出了氣，又有許多收穫嗎？」

那位員工聽從了朋友的建議，從此便認認真真學習公司業務，有時下班之後，還留在辦公室研究寫商業文書的方法。

一年之後，那位朋友偶然遇到他，問道：「公司的那一套東西你都學會了吧？現在感覺怎麼樣？」

「可是我發現近半年來，老闆對我刮目相看。他對我委以重任，又升職、又加薪，我怎麼捨得離開公司！」

「這是我早就預料到的！」他的朋友笑著說，「當初你的老闆不重視你，是因為你的能力不足，也不努力學習。聽了我的話後，你痛下苦功，能力不斷提高，漸漸能擔當重任了，老闆自然會對你刮目相看。只知抱怨別人的態度，卻不反省自己的能力，這是人們常犯的毛病啊！」

Part 1
你以為的穩定，都在悄悄背叛你─告別舒適區，才能「大開」眼界

職場中，我們可以看到很多人覺得參加工作了，沒時間也沒必要去繼續學習，但現實卻是，那些在工作中突飛猛進的同事，都在你看不到的背後努力學習，他們拿大把的業餘時間來充實自己，拉開了你追不上的距離。

學習可以提升認知高度。人與人之間格局的差異，主要是認知的差異，而學習的真正意義，是改變一個人的心智結構。看起來沒有用的學習，甚至在別人眼裡還是浪費時間的事情，卻會給你贏來人生轉機，就像上面事例中的員工，在努力學習提升自己之後，換來了領導的重視和升職加薪，而在學習之前，他曾因為自己不被重視想辭職。所以，一個人在職場中的地位，完全取決於自己是否有能力，是否能持續學習。

高爾基說：經常不斷地學習，你就知道得越多，你知道得越多，你就越有力量。只有持續學習，才能給你的職場生涯注入力量，讓自己擁有一個鐵飯碗。但我所謂的鐵飯碗，並不是一份穩定又高收入的工作，而是你不論去到哪裡都能迅速適應，能解鎖職場中的各種可能。

Part 2
「一條道走到黑」不是堅持，是固執
—— 擺脫思維局限，才能提高眼界

Part 2
「一條道走到黑」不是堅持，是固執─擺脫思維局限，才能提高眼界

從來沒有一條坦途，是通往夢想的路

真正有格局和見識的人在關鍵時刻總會放棄無謂的固執，冷靜地分析每一個問題，審慎地運用智慧，做最正確的判斷，選擇正確的方向，並及時檢視選擇的角度，適時調整。

現實生活中，你有一個夢想，夢想自己10年後的生活。你滿腔熱忱地開始行動，然而數月後，生活打斷了你的夢想：問題總是出現，重重困難阻礙了你邁向成功的程式。現在，你該怎麼辦呢？

我們不妨把你的生活同一架從雪梨飛往東京的飛機進行比較，這是一段漫長的海上飛行，但每星期都有上千人登上飛機且沒人認為自己最後到的地方不是東京。

如果有人告訴你在95%的飛行時間裡，飛機都將是偏離航道飛行的，事情又將如何？也就是說，如果沒有人控制，飛機幾乎一起飛就偏離了航道，不過，飛機是由飛行員負責方向的，飛行員有著明確的目的地 ── 東京。他清楚飛機會被氣流吹得偏離航道，所以他監控著飛機的飛行方向，不時地進行調整，最後到達目的地東京。

生活與在太平洋上空飛行的飛機一樣，人們經常置身於交叉氣流和風之間，隨時會被它們吹得偏離航道，事情永遠不會百分之百地像我們預計的那樣，所以我們要學會做成功道路上

的「飛行員」，不斷調整方向以抵達最終的目的地。

要知道，從來沒有一條坦途，是通往成功的路。成功者並不是一開始就站在了正確的起點上，找到了成功的方向，他們也是在不斷的實踐中調整自己的方向，最終發現了通往成功的道路。歌德用了差不多半生的精力學畫無成，面對不斷碰壁的人生，他及時調整了目標，在文學道路上做出一番成就。孫中山青年時懸壺行醫，最後發現治一人並不能救社會，於是轉而投身革命，歷經艱辛，終於成就了令世人敬佩的偉業。

因此，我們要在實踐中去發現自己，盡可能多地嘗試各式各樣的發展道路，不斷根據實踐回饋調整對自己的認知和判斷。讓我們再來看看下面這個成功故事。

馬克‧漢森（Mark Hansen）所經營的建築業徹底失敗了，因此他不得不宣告破產。

在後來的日子裡，很多人都希望聽到的是馬克如何令人驚訝地重返建築業，重新創業並一步一步爬上成功頂峰的令人歡欣鼓舞的故事。如果馬克是用一生的精力這樣做，這又將是一個關於恆心和毅力的傳奇故事。這類故事很多，只不過馬克並不是這類故事的主角。

馬克徹底退出了建築業，忘記了有關這一行的一切知識和經歷，甚至包括他的老師──著名建築師布克敏斯特‧富勒（Buckminster Fuller）。馬克決定去一個截然不同的領域創業。

Part 2
「一條道走到黑」不是堅持，是固執－擺脫思維局限，才能提高眼界

他很快就發現自己對公眾演說有獨到的領悟和熱情。

一段時間之後，馬克成為一個具有感召力的一流演講師，他的著作《心靈雞湯》和《心靈雞湯Ⅱ》雙雙登上《紐約時報》的暢銷書排行榜，並停留數月之久。

有些事情，即使你做了很大的努力，並為之堅持不懈，苦苦勞作，但最終如果你發現自己走向的是一條死胡同、一面死牆，那這個時候就需要你能夠退出來，重新研究，尋找對策。目標不能達到時，就去開發別的專案，尋找新的成功機會。實際上，真正有格局和見識的人在關鍵時刻總會放棄無謂的固執，冷靜地分析每一個問題，審慎地運用智慧，做最正確的判斷，選擇正確的方向，並及時檢視選擇的角度，適時調整。

在人生的道路上，我們要常常看看手中的地圖，檢查一下自己是否還在向著正確的方向前進，如果不是，那就及時做出必要的調整。在陷入泥潭時，要及時爬起來，遠遠地離開那個泥潭；上錯了公車時，要及時下車，另外坐一輛車子。

是誰說「好馬不吃回頭草」的？

如果「回頭草」更好，那你就把「面子」「志氣」這些事情拋開，認真地吃好「回頭草」，把自己養成一匹更加精壯的馬！

是誰說「好馬不吃回頭草」的？

草原上有兩匹馬，一高一矮正在悠閒地啃著肥美的青草。牠們心情舒適，邊吃邊聊，慢慢往遠處走去。

「一會兒等我們吃完了，再回頭吃吧！你看還有好多草沒有吃呢！」那匹矮點兒的馬說道。精良的高馬聽後，不屑一顧地打了一個響鼻，根本就沒有往後看，牠心想：「好馬不吃回頭草，往回走什麼呀？還怕前面沒有草嗎？」想到這裡，牠輕蔑地對矮馬說：「我可不願意辱沒了『好馬』的名聲，要吃你自己回頭吃吧。」

兩匹馬一直往前走，可是草越來越少，牠們已經接近沙漠的邊緣了。矮馬說：「我們還是回去吧！恐怕再往前走就沒草了。」

「好馬」還是那種傲慢的表情，堅持認為「好馬不吃回頭草」。於是，矮馬回頭走向草原，好馬獨自走向前方的沙漠。最後，那匹「好馬」在飢餓的折磨下，一頭栽倒在了沙漠中。

高大的駿馬只要回頭就可以重新吃到美味的青草，可是牠把自己的退路堵上了。

是誰說「好馬不吃回頭草」的？我覺得說過這句話的人應該為很多人的失意和悲劇負責任。因為這句話讓人缺乏迴旋的空間，不知道有多少人因為這句話喪失了大好機會，甚至把自己的出路堵死了！

信奉「好馬不吃回頭草」的人，大概以為這句話表露出的是一種一往無前的勇氣和志氣，但是誰又敢肯定地說，這不是一

Part 2
「一條道走到黑」不是堅持，是固執―擺脫思維局限，才能提高眼界

種「意氣用事」呢？「回頭」往往也包含著新的機會、新的開始和新的面貌，可惜的是絕大多數人在面臨該不該回頭的問題時，都把「意氣」當成「志氣」，或用「志氣」來包裝「意氣」，把「傲慢」當成「自尊」，明知「回頭草」又鮮又嫩，卻怎麼也不肯回頭去吃！要知道還有「苦海無邊，回頭是岸」這句話呢！

人活在世上，不要太過剛烈，也不可太過偏執，凡事留些餘地，給自己和別人一些迴旋的空間。當「好馬」餓成「死馬」時，就再也不是一匹「好馬」了！所以，在考慮吃不吃「回頭草」這個問題時，應該多考慮一些眼前的「時務」，也就是客觀問題，例如：

——你現在有沒有「草」可吃？

——能不能吃飽？以後會不會有「草」吃？

——如果不吃，你還能支撐多長時間？支撐的後果是什麼？

——「回頭草」到底有沒有吃的價值？吃了對你有什麼幫助？

考慮清楚後，如果「回頭草」更好，那你就把「面子」「志氣」這些事情拋開，認真地吃好「回頭草」，把自己養成一匹更加精壯的馬！時間會讓人們忘記你是一匹吃回頭草的馬。如果你吃回頭草有所成就時，別人還會佩服你，果然是一匹「好馬」！

「一條道走到黑」不是堅持，是固執

在攀登山峰的路途上，遇到「請繞行」的標誌是不可避免的，這時候，不妨坦然接受，不必執著於「一條道跑到黑」，請記住，繞行有時可以讓你有機會看到更美麗的風景。

你或許有過開車去長途旅行的經歷。當你手裡拿著地圖前行的時候，突然之間，前面出現了一塊寫著「此路不通，請繞行」的路標，而你的地圖上並沒有這個標識，於是你陷入了窘境。事實上，在我們每個人的職業生涯中，也常常會出現「請繞行」的情況，這時就需要我們採取不同的計畫、不同的步驟來達到既定的目標。

被譽為「世界上最偉大的業務員」的喬‧吉拉德（Joseph Gerard）曾說：「我曾經長期從事汽車銷售工作，而且做得有聲有色。對我來說，業務員的工作能讓我得到很大的個人滿足。在我的幫助下，人們得以擁有一輛可靠、舒適、安全、價格適中的新車，但在我的汽車銷售生涯中，我依然不得不面對一些改變，譬如，為了應付1974年石油禁運的突發情況，我不得不對銷售手法做了一些調整。在過去那些日子裡，汽車工業發生了許多技術上的改革，身為汽車業務員的我，自然需要隨時對汽車有新的了解，所以，銷售汽車絕不僅僅是尋找買主、下訂單那麼簡單。」

Part 2
「一條道走到黑」不是堅持,是固執─擺脫思維局限,才能提高眼界

你必須意識到變化隨時都有可能發生,你必須為此做好充分準備。

「此路不通請繞行。」我們應隨著變化及時地調整自己的步伐,切莫在無法實現的事情上耗費過多的精力和時間,讓「生命號」之輪就此擱淺。

如果錯了,就重新開始

有一隻老鼠跑進迷宮去尋找起司,它跑進一條通道,轉過彎,越過一個障礙,說:「什麼?沒乾酪。好,我要定了那塊起司。我聞得到它就在某處。」

於是這隻老鼠跑向另一條通道,轉幾個彎,超過幾個障礙,直到找到起司。牠那些選擇沒有一項是錯的;各項選擇都只是一個教訓,說起司不在那兒。

老鼠一旦知道起司不在一個地方,牠就離開往別處去,這說明有時需要倒退才能找到起司。這老鼠從不休止,也不停止選擇,直至找到起司為止。

實驗室裡,有個現象被稱為「精明的老鼠進迷宮」。在進迷宮的第一天,精明的老鼠很快就找到了起司。第二天,精明的老鼠直奔昨天放起司的地點,卻發現起司不在原處,牠四處張望,顯然在納悶:「起司應該就在這裡呀,哪兒去了?」老鼠上看下看,奇怪地說:「這迷宮今天怎麼了?到底……」老鼠於

是坐下來,等起司出現,一直等到餓死。起司就在隔壁的通道上。只要多做選擇,少做決定,老鼠就會得到牠想要的東西。

我們經常變成精明的老鼠,透過嘗試和判斷找到一條使我們相當接近目標的路。然後,我們決定了:就是這條路。「我們為你指出了路,把你的名字畫上,」鮑伯・狄倫哀嘆道:「結果你以為那是你可以占有之處。」這條路不通的時候——也就是說它不能再引導我們接近想要到達的目標——我們照走不誤,為什麼呢?因為它以前行得通。

一個法子如果沒用,聰明一點兒,放掉它,無論它過去多麼有用。我們必須重新找方法,又不通的話,再找下一個方法……,拆掉思維裡的牆,學會變通,我們才能擁有更開闊的眼界。

在沒有嘗試前,不要輕易否定任何一條路

我們要試著衝破自己思維上的局限,告訴自己:在沒有嘗試前,不要輕易否定任何一條路,沒有結果前,不要輕易放棄任何一個機會。

小時候我們或許都有過這樣的經歷:拿樟腦球和那些忙忙碌碌的小螞蟻「開玩笑」。只要用樟腦球在小螞蟻前進的路上輕輕地畫一道線,牠會驚慌失措地立即掉頭而去;趕到牠前面再

Part 2
「一條道走到黑」不是堅持，是固執―擺脫思維局限，才能提高眼界

設定一道同樣的樟腦球防線，牠還是馬上望風而逃，一次次都是如此。

等小螞蟻跑累了，用樟腦球在牠周圍畫個圓圈，牠就只在那個小圓圈裡轉來轉去，將包圍圈縮小，螞蟻也不敢衝出那道樟腦球防線，只有等到牠左衝右突幾下後發現無路可走，不得不奮力突圍時，牠才會迫不得已挺身一試。

這時，牠們不再顧及那種奇怪的氣味，努力地向前，果然能夠出去，而且對自己也沒有任何的傷害！早知道這樣，為什麼要在那個小圓圈裡徘徊那麼長時間呢？但是螞蟻好像沒有什麼記性，剛剛衝出包圍圈，再將牠們用新的樟腦球圓圈包圍起來，牠們就和剛開始一樣，又在圓圈裡徘徊。

我們都知道，樟腦球本身並不能對螞蟻造成實質性的傷害和阻擋，螞蟻甚至可以唱著歌大搖大擺地走過去，但螞蟻卻被那種氣味嚇住了，非得等到迫不得已的時候，牠才挺身一試，結果發現那所謂的障礙不過是一層一捅就破的薄薄的窗紙而已。

人生又何嘗不是如此！許多障礙剛開始在我們眼裡都是那麼沉重而無奈，等到我們鼓足勇氣克服掉以後，才發現它不過是螞蟻面前的那道樟腦球防線而已，並沒有想像中的那麼難。我們只是被自己思維上的失誤、盲點限制住了，不敢輕易去嘗試。

在羅伯特‧哈德還是一個童子軍成員的時候，他和他的夥

伴們經常玩一種遊戲：凡在有新成員加入童子軍的時候，就把椅子排成一圈，形成一道障礙，然後蒙上新成員的眼睛，讓他走過這條通道，隊長會在遊戲開始前給他一兩分鐘的時間叫他盡可能地記住所有椅子的位置，但是，一旦新成員被蒙上眼睛之後，他們就會立即悄悄地移開所有的椅子。

人生就如同這個遊戲，或許我們在一生中竭盡全力企圖避開的那些妨礙我們的事物，其實卻常常只存在於我們自己的頭腦之中，甚至有些還只是我們自己想像虛構的產物。就像我們不敢去學拉小提琴，不敢去學習外語等等。在我們的頭腦裡，我們總是把那些事物想得很難，其實，那往往都是我們自己想像出來的障礙，正是這種無中生有的障礙，使我們裹足不前，不敢去嘗試新的事物，自然錯失許多機會。

既然阻礙我們去發現、去創造的，僅僅是我們心理上的障礙和思想中的頑石，那麼，我們要試著衝破自己思維上的局限，告訴自己：在沒有嘗試前，不要輕易否定任何一條路，沒有結果前，不要輕易放棄任何一個機會。因為，每一條路上都有成功的機會，關鍵在於你敢不敢去嘗試。

Part 2
「一條道走到黑」不是堅持，是固執－擺脫思維局限，才能提高眼界

突破思維定式，要勇於做「出格」的事

固定的的思維模式，又可稱之為「慣性思維」，這是一種人人皆有的思維狀態。當它在支配常態生活時，還似乎有某種「習慣成自然」的便利，所以不能否認它的正面作用。但是，當面對創新時，若仍受其約束，就會對創造力的形成造成阻礙。

大象能用鼻子輕鬆地將一噸重的行李抬起來，但我們在看馬戲表演時發現，這麼龐大而力大無窮的動物，僅用一個小鐵椿就能將牠拴住上。

因為牠們從幼小無力時，就習慣被沉重的鐵鏈拴在鐵椿上，當時不管牠用多大的力氣去拉都無法扯斷，鐵椿在幼象心靈上，留下沉重而不可撼動的印象，就算幼象長大了，力量也增加不少，但只要用鐵鍊將牠拴在鐵椿上鐵，牠一樣不敢妄動。

這就是慣性思維。長大後的象，明明可以輕易將鐵鏈拉斷，但因幼時的經驗一直留存在腦海，所以牠習慣地認為（錯覺）「絕對拉不斷」，而不再去拉扯。人類的思維習慣也是如此，雖被賦予「頭腦」（無限能力）這一最強大的武器，但因自以為是而擱置一邊，於是徒然浪費「寶物」，實在是愚蠢至極。

由此可知，不只是動物，人類也因未排除「刻板印象」的偏差想法，而只能以常識、甚至否定的心態來看事物，理所當然地認為「我沒有那樣的才能」，最終白白浪費掉大好良機。除

突破思維定式，要勇於做「出格」的事

了這種不思變通地看待自己的謬誤思維外，用僵化和固有的觀點認知外界的事物，有時也會帶來危害。比如，通常我們都知道，海水是不能飲用的，可是如果打定這種主意，也可能犯下嚴重的錯誤。

一次，一艘遠洋海輪不幸觸礁，沉沒在汪洋大海裡，倖存下來的九名船員拚死登上一座孤島，才得以活命。

然而，接下來的情形更加糟糕，島上除了石頭還是石頭，沒有任何可以用來充飢的東西，更為要命的是，在烈日的曝晒下，每個人口渴得冒煙，水成了最珍貴的東西。

儘管四周都是海水，但誰都知道，海水又苦又澀又鹹，根本不能用來解渴。現在，九個人唯一的生存希望是老天爺下雨或別的過往船隻發現他們。

等啊等，沒有任何下雨的跡象，天際除了一望無邊的海水，沒有任何船隻經過這個死一般寂靜的島，漸漸地，他們支撐不下去了。

八個船員相繼渴死，當最後一位船員快要渴死的時候，他實在忍受不住地撲進海水裡，「咕嘟咕嘟」地喝了一肚子海水，船員喝完海水，一點兒也覺不出海水的苦澀味，反而覺得海水非常甘甜，非常解渴。他想：也許這是自己渴死前的幻覺吧！便靜靜地躺在島上，等著死神的降臨。

他睡了一覺，醒來後發現自己還活著，船員非常奇怪，於是每天靠喝這島邊的海水度日，終於等來了救援的船隻。後

Part 2
「一條道走到黑」不是堅持，是固執―擺脫思維局限，才能提高眼界

來，人們化驗這海水發現，由於有地下泉水的不斷翻湧，所以這裡的海水實際上是可口的泉水。

習以為常、耳熟能詳、理所當然的事物充斥著我們的生活，使我們逐漸失去了對事物的熱情和新鮮感。經驗成了我們判斷事物的唯一標準，存在的當然變成了合理。隨著知識的累積、經驗的豐富，我們變得越來越循規蹈矩，越來越老成持重，導致喪失了創造力！於是，想象力萎縮了，我們變得越來越不敢「突破」，慣性思維成了人類超越自我的一大障礙。一個眼界廣闊的人，也不是沒有慣性思維，但他能夠克服慣性思維的影響，開拓自己的思路，勇於做「突破」的事，所以更容易成功。

標新立異能突破慣性思維

標新立異者常常能突破慣性思維，反常用計，在「奇」字上下功夫，拿出新奇的經營招數，贏得出奇的效果。

亨利・福特（Henry Ford）也是一個了不起的人，直到40歲，他的生意才獲得成功，他沒有接受過多少正規教育，在建立了他的事業王國之後，他把目光轉向了製造八缸引擎，他把設計人員召集到一起說：「先生們，我需要你們造一個八缸引擎。」這些聰明的、受過良好教育的工程師深諳數學、物理、工程學，他們知道什麼是可做的、什麼是行不通的，他們以一種寬容的態度看著福特，好似在說：「讓我們遷就一下這位老人

吧，怎麼說他都是老闆嘛！」他們非常耐心地向福特解釋，八缸引擎從經濟方面考慮是多麼不合適，並解釋了為什麼不合適。福特並不聽取，只是一味強調：「先生們，我必須擁有八缸引擎，請你們造一個。」

工程師們心不在焉地做了一段時間後向福特彙報：「我們越來越覺得造八缸引擎是不可能的事。」然而，福特先生可不是輕易能被說服的人，他堅持說：「先生們，我必須有一個八缸引擎，讓我們加快速度去做吧！」於是，工程師們再次行動了。這次，他們比以前工作得努力一些，也花了不少時間，還投入了更多的資金，但他們對福特的彙報與上次一樣：「先生，製造八缸引擎完全是不可能的任務。」

然而，在福特的字典裡，根本不存在「不可能」之說，他用炯炯有神的目光注視著大家，說：「先生們，你們不了解，我必須有八缸引擎，你們要為我做一個，現在就做吧！」猜猜接下來如何？他們製造出了八缸引擎。

老觀念不一定對，新想法不一定錯，只要打破心理枷鎖，突破慣性思維，你也會像福特一樣獲得成功的。

Part 2
「一條道走到黑」不是堅持,是固執─擺脫思維局限,才能提高眼界

答案往往不止一個

生活並不是做是非題,不是錯就是對,同一個問題也並不是只有一個解決辦法。遺憾的是,我們很多時候都被自己的眼界和見識局限住了,只會從一個方面去尋求突破。

從前,普陀山上有座廟,廟裡住著一個老和尚和一個小和尚,他們師徒二人在寺廟中相依為伴。

有一天,老和尚給小和尚出了一個問題:「一個愛清潔的人和一個不愛清潔的人一同從外面回來,是愛清潔的人先去洗澡,還是不愛清潔的人先去洗澡?」

小和尚搔了搔頭皮,迅速地答道:「當然是不愛清潔的人先去洗澡,因為他身上很髒。」老和尚看了看小和尚,未置可否。

小和尚以為自己回答得不正確,又馬上改口說:「一定是那個愛清潔的人先去洗澡。」

老和尚問:「為什麼?」

小和尚胸有成竹地說:「那還不簡單,愛清潔的人有愛洗澡的習慣,不愛清潔的人沒有愛洗澡的習慣,只有愛清潔的人才有可能去洗澡。」說完,小和尚等待著師傅的誇獎。

出乎意料的是,老和尚不但沒有誇獎小和尚,而且還說小和尚沒有悟性,小和尚更加莫名其妙了。

「兩個都得去洗澡,愛清潔的有洗澡的習慣,不愛清潔的需

答案往往不止一個

要洗澡。」小和尚只有這樣回答了，可師傅的臉色告訴他，又錯了。

小和尚只剩下最後一個答案，於是怯生生地回答：「兩個都不去洗澡，原因是愛清潔的人很乾淨，不需要洗澡，不愛清潔的人沒有洗澡的習慣。」

等小和尚說完，老和尚還是搖頭，接著，老和尚告訴小和尚說：「其實，你已經把四個答案都說出來了，但你每次都認準一個是正確的，這樣你的答案是不全面的，因為單單拿出任何一個都不是正確的答案。」

生活中這樣的例子並不少見，尤其是在與人交往過程中，有時並非因為做得不對，而是沒有全面地考慮問題。世界是豐富多彩的，一個問題也並非只有一個答案。

有人曾經說過讓人印象深刻的一句話：「我吃香蕉是從尾巴上剝，但也有人總是從尖頭上剝，差別很大，但是沒有誰一定要改變誰的必要吧？」

的確，香蕉是可以從兩頭吃的，生活中的許多事也是一樣。生活並不是做是非題，不是錯就是對，同一個問題也並不是只有一個解決辦法。遺憾的是，我們很多時候都被自己的眼界和見識局限住了，只會從一個方面去尋求突破。

從現在起，試著開拓自己的視野，遇到問題時改變舊有的思維模式，從不同的方面去思考，你會發現一片廣闊的新天地。

Part 2
「一條道走到黑」不是堅持,是固執─擺脫思維局限,才能提高眼界

最直接的往往最有效

　　最直接、最簡單的方法往往是最有效的方法,很多偉大的創意都來自最簡單的思考方式。

　　擒賊先擒王,解決了旁枝末節,並不能使問題斷根,必須找到讓我們軟弱、跌倒的最主要源頭,才有新生的可能。曾經聽過以下兩個故事,覺得有時候創新就來自我們最直接、最簡單的想法,不要忽略別人不經意地發現,這可能就是你創新的泉源。

1. 戶外電梯

　　多年前,有一家酒店的電梯供不應求,打算增加一部,於是酒店請來了建築師和工程師研究如何增設新的電梯,專家們一致認為,最好的辦法是在每層樓都打個大洞,直接安裝新電梯。

　　方案定下來之後,兩位專家坐在酒店前廳面談工程計畫,他們的談話被一位正在掃地的清潔工無意中聽到了,清潔工對他們說:「每層樓都打個大洞,肯定會塵土飛揚,弄得亂七八糟。」

　　工程師瞥了清潔工一眼說:「那是難免的。」

　　清潔工又說:「我看,動工時最好把酒店關閉些日子。」

　　工程師說:「那可不行,關閉一段時間,別人還以為酒店倒閉了,再說,那也影響收益呀。」

「我要是你們，」清潔工不經意地說：「我就會把電梯裝在樓的外面，那樣既有利於工程進度，又不影響酒店的效益。」

工程師和建築師聽了這話，相視片刻，不約而同地為清潔工的這一想法叫絕。於是，便有了近代建築史上的偉大變革，把電梯裝在樓外。

2.先扔下誰

美國的某家報紙舉辦了一項有獎徵答活動，因其所設的鉅額獎金而吸引了眾多的應徵者前來參加。

報紙所設的題目是：三位科學家共同乘坐一個熱氣球環球探險，行到中途，因氣球漏氣、充氣不足而即將墜毀，唯一可行的辦法就是將三人中的某一個丟下去。

可是三位科學家卻都關係著人類興亡，他們之中的一位是環保專家，他的研究成果可以改善人類的生存環境，避免因環境汙染而導致人類的噩運；一位是原子能專家，他的研究成果可以防止因全球性的核戰爭而給人類帶來的災難；另一位是一位植物學專家，他研究改良的植物品種能在鹽鹼地或不毛之地生長，能夠解決整個人類所需的糧食問題。

應答者眾說不一，最終一個小男孩獲得了這筆鉅額的獎金，他的答案是：將最重的科學家扔出去。

確實，最直接、最簡單的方法往往是最有效的方法，有很

Part 2
「一條道走到黑」不是堅持,是固執―擺脫思維局限,才能提高眼界

多偉大的創意都來自最簡單的思考方式。例如,在古希臘有一位主人丟了一個奴隸,四處詢問沒有結果,於是突發奇想寫了張尋人告示,人類就此誕生了最古老的廣告;1950 年,美國商人弗蘭克‧麥克納馬拉(Frank McNamara)在餐廳用餐後,發覺身上沒有足夠的現金,遂產生了使用信用卡的念頭,世界就此改變了購物型態。

所以說,不要將簡單的問題複雜化,單純的思考方式往往比鑽牛角尖更能獲得成功。

蘋果裡有顆星星,但很多人不知道

同樣一件事,好與壞,關鍵在於你自己從哪個角度去看。格局大的人,在每一次的失敗中都看到另一個機會;而格局小的人,則是在成功將要來臨前就停下了腳步。

很多事情如果你能換一個角度、換一種思維來看的話,會有完全不同的結果。正所謂「塞翁失馬,焉知非福」,一個人的錯誤,可能會成為另一個人的新發現。

孩子回到家裡,向父母講述幼稚園裡發生的故事:「爸爸,你知道嗎?蘋果裡有一顆星星!」

「是嗎?」父親輕描淡寫地回答道,他想這不過是孩子的想

像力,或者老師又講了什麼童話故事了。

「你是不是不相信?」孩子開啟抽屜,拿出一把小刀,又從冰箱裡取出一個蘋果,說道:「爸爸,我要讓您看看。」

「我知道蘋果裡面是什麼。」父親說。

「來,還是讓我切給您看看吧。」孩子邊說邊切蘋果。

我們都知道,切蘋果的正確切法應該是從蘋果的莖部切到底部窩凹處。而孩子卻是把蘋果橫放著,攔腰切下去。然後,他把切好的蘋果伸到父親面前:「爸爸看啊,裡頭有顆星星呢。」真的,從橫切面看,蘋果核果然顯現出一個清晰的五角星狀。

許多人一生不知吃過多少個蘋果,總是規規矩矩地按所謂「正確」的切法把它們一切兩半,卻從未想到蘋果裡居然還藏著一顆「星星」。

不論是誰,第一次切錯蘋果,大凡都是出於好奇,或由於疏忽所致,但並不是所有的人都能從切錯的蘋果中發現那顆「星星」。所以說,同樣一件事,好與壞,關鍵在於你自己從哪個角度去看。格局大的人,在每一次的失敗中都看到另一個機會;而格局小的人,則是在成功將要來臨前就停下了腳步。

發明家愛迪生(Thomas Edison)想從植物體中找出天然橡膠的新原料。他為此做了無數次的實驗。當他在第五萬次實驗失敗後,他的助手洩氣地對他說:「愛迪生先生,我們已經做了五萬次的實驗了,都毫無結果。」

Part 2
「一條道走到黑」不是堅持，是固執─擺脫思維局限，才能提高眼界

「有結果！」愛迪生熱切地叫出聲來：「我們有了不起的結果呀，我們現在已經知道有五萬種東西是不行的！」

有人看到難題，有人卻看到機會。「如果兩個人同時向窗外望去，一個看到的是地上的汙泥，另一個看到的是天上的星星。」那誰能獲得成功的青睞，誰又會把人生的路越走越窄，那是毫無疑問的。

要知道，「危機」包括了「危險」和「機遇」，只是我們習慣性地只看到「危險」而看不到「機遇」，當你下次遇到難題時，先試著換個角度去思考，用心捕捉危機中的轉機，那你就會走向一個新的開始，走向更美好的明天。

規則是用來遵守的，更是用來打破的

我們知道很多遊戲的規則是我們自己定的，結果這些規則反而使我們喪失了創造力。因此，一定要記住：做任何事，沒有規則不行，但過於因循守舊、墨守成規也不行，適當之時，要善於改變眾人所遵循的規則，開闢出新的蹊徑，去創造輝煌的人生。

研究行銷管理的專家們曾經提出過一個觀點：競爭會造成限制。這個意思是說，傳統上一般人習慣用「硬碰硬」的方式與人正面競爭，但這種短兵相接的方式並不見得是最有效的致勝

之道，反而會限制成功。因為當你正面去競爭的時候，等於你完全認同這個遊戲，並願意遵守某些固定的規則與觀念，你的思想就會受制於某一個框架，反而阻礙你發揮自己的創造力。

絕大多數人寧願相信，遵守既定規則是非常重要的概念，否則，如果人人都想打破規矩，豈不是天下大亂？然而，管理專家強調，這只是一種鼓勵突破思考的方法，讓你更精確、有效地達成目標，換句話說：「要打破的是規則，而不是法律。」

通常情況下，具有突破性思考特徵的人，他們和傳統的行業規則格格不入，對每件事都會質疑，不喜歡墨守成規，偏愛自由遊蕩。

專門從事運動心理學研究的美國史丹佛大學教授羅伯特・克利傑（Kriegel, Robert J.）在他的著作《改變遊戲規則》中指出：「在運動場上，很多運動選手創造的佳績，都是因為打破了傳統的比賽方法。」傑出的運動選手普遍具有這種「改變遊戲規則」的特徵。

根據羅伯特・克利傑的結論：突破思考是一種心態，可以鼓勵人不斷學習，不停地創造。所以，如果你想改變習慣，嘗試新的挑戰，那就突破舊有規則，改變遊戲規則吧！

所謂改變遊戲規則，就是要掌握主控權。要改變規則不難，關鍵在於有沒有求變的決心。一般人遇到沒有把握的狀況常常會猶豫，所以說人最大的敵人是自己，通常情況下，你決定

Part 2
「一條道走到黑」不是堅持，是固執─擺脫思維局限，才能提高眼界

「變」還是「不變」的標準是，如果你從以前的經驗中找不到任何成功的例子，你就做最壞的打算──可以賠多少？只要賠得起你就做，更何況你可能會贏。

是否求變，還有一個規則：愈是有許多人說不，就愈該改變。在 1992 年美國大選中，柯林頓（Clinton）曾經說過一句話：「我們要改變遊戲規則……」而布希（Bush）卻說：「我有豐富的經驗！」也許布希落選的一個重要原因就是「往後看」，而不是「向前看」。

開闢新蹊徑

世界充滿了那些追隨者、依附者、模仿者，他們喜歡依循舊的軌道，習慣以他人之思想為思想。但是，社會所需要的是那些可以創新的人，能夠離開走熟了的途徑，闖入新天地的人。例如，那些離開了先例舊方而醫治病人的醫師，那些用別出心裁的方法辦理訟案的律師，那些把新理想、新方法帶給學生的教師等等。

不要害怕你自己成為「創始人」。不要僅僅做一個人，而是做一個新的人、獨立的人。不要想去仿效你的祖父、父親、鄰居，因為這如同紫羅蘭花要模仿玫瑰花，菊花想要效顰向日葵一樣可笑。

要知道，沒有人能夠因仿效他人而獲得成功。成功是不能從

抄襲、模仿中得來的。成功是個人的創造，是由創始的力量所構成的，所以我們要勇於去做成功路上的創始者。

日本的「電子之父」松下幸之助，就是這樣一位富有智慧、善於洞察未來的成功人物，每當人們問起他成功的祕訣時，他總是淡淡一笑，說：「靠的是比別人稍微走得快了一點。」

1917年，松下幸之助在確立自己事業的方向上，靠的就是在自己智慧基礎上形成強烈的超前意識。嚴格地講，松下幸之助能同電器結下不解之緣並沒有家族原因，他的祖上經營土地，父親從事米業，而他進入社會首先是涉足商業，所有這些都與電器製造相隔甚遠，況且有關電的行業在當時只是鳳毛麟角。

然而，他深信電作為一種新式能源，在給人類帶來方便的同時，也會帶來更多的慾望。燦爛的電氣時代如同電燈一樣將會照亮人類生活的每個角落，因此，他認為投身電器製造，也一定會前途燦爛。儘管在創業伊始，他就受到挫折和打擊。然而，這種超前意識使他有了堅強的信念和必勝的信心。正是他「稍微走得快了一點」，使得「松下電器」從無到有，從小到大。

第二次世界大戰結束後，世界又恢復了和平。遭受戰爭創傷的人們，在新的和平環境裡又重新燃起對生活和工作的熱情。睿智的松下幸之助又超前地看到「新文明」將帶來世界性的家電熱。對於「松下電器」，既是一次發展壯大難得的機會，也是一次艱鉅且嚴峻的挑戰。松下幸之助正是憑藉著「稍微走得快了一點」，大刀闊斧地進行組織調整和技術改革，從而使「松下

Part 2
「一條道走到黑」不是堅持，是固執─擺脫思維局限，才能提高眼界

電器」在新的挑戰和機構中得到了前所未有的發展。

1950年代，松下幸之助第一次訪問美國和西歐時發現：歐美強大的生產主要基於民主的體制和現代的科技，儘管日本在上述方面還相當落後，但這一趨勢將是歷史的必然。松下幸之助正是把握住了這一超前趨勢，在日本產業界率先進行了民主體制改革。政治上給予產業充分的自主權，建立了合理的勞資體制和勞資關係。經濟上，他改革了日本的低薪資制，使職薪資超過歐洲，接近美國水準，並建立了必要的員工退休金，使員工的物質利益得到充分滿足。勞動制度上實現每週五天工作日，這在當時的日本還是第一家。

松下幸之助認為：這一改革並非單純增加一天休息，而是為了進一步促進產品的質量，好的工作成就產生愉快的假日；愉快的假日情緒會導致更出色的工作效率，只有這樣，生產才能突飛猛進，效益才能日新月異。

「時勢造英雄」，被改變了的環境就是一種新的時勢、新的發展機遇。無論是地理環境、社交環境，還是職業環境、人文環境，每一次改變都為我們提供了一個新的廣闊的發展空間。

方向錯了，還感覺全世界都辜負了你

每一個人現在所處的境況，正是以往生活態度造成的，所以若想改變未來的生活，使之更加順利，必得先改變此時的想法。倘若堅持錯誤的觀念，固執不願改變，恐怕再多努力，也體會不到成功帶來的喜悅。

下面這個故事，或許會對我們有所啟發。

動物園裡新來了一隻袋鼠，管理員將牠關在一片有著一公尺高的圍欄的草地上。

第二天早晨，管理員發現袋鼠在圍欄外的樹叢裡蹦蹦跳跳，立刻將圍欄的高度增加到兩公尺，把袋鼠關了進去。

第三天早晨，管理員還是看到袋鼠在欄外，於是又將圍欄的高度加到三公尺，再次把袋鼠關了進去。

隔壁獸欄的長頸鹿問袋鼠：「依你看，這圍欄到底要加到多高，才能關得住你呢？」

袋鼠回答說：「很難確定，也許五公尺，也許十公尺，甚至可能是一百公尺——如果那個管理員老是忘記把圍欄的門鎖上的話。」

方向錯了，再多的努力都是白費！不要覺得全世界都辜負了你！因為你的失敗是你自找的！就像上面的管理員，他以為袋鼠能跑出圍欄是因為圍欄太矮了，所以一直在加高圍欄，然而

Part 2
「一條道走到黑」不是堅持，是固執―擺脫思維局限，才能提高眼界

並沒有什麼用，因為問題的關鍵在於，他忘記把圍欄門鎖上了。

在過往的歲月中，相信你一定非常努力地追求過很多東西，如財富、名望、愛情、尊嚴……你得到了嗎？得到之後，幸福與快樂是否也隨之而來？你是否真的快樂？

問題可能源於我們的出發點是否正確。大多數人都認為：「先讓我得到，然後再為快樂操心。」但當他們費盡心血、使盡手段，終於爬到成功頂峰時，環顧周圍，卻驚然發現，自己的家人、朋友、同事竟已被踩在腳底下，而自己是如此孤獨與不快樂。

或許這時你不禁要問：「我哪裡做錯了？怎會如此？」而一些從未成功過的朋友，也一直都喜歡問同樣的問題。

故事中袋鼠的回答應是最好的答案：如果不將圍欄門鎖好，圍欄加得再高也是枉然。

勇於改變，走向新的人生征途

一個平凡的上班族麥克・麥克英泰爾（Mike McIntyre），37歲時做了一個瘋狂的決定，放棄薪水優厚的記者工作，把身上僅有的三美元捐給街角的流浪漢，只帶了乾淨的內衣，決定從陽光明媚的加州，靠搭便車和求助陌生人，橫越美國。

他的目的地是美國東岸北卡羅來納州的「恐怖角」。

這是他精神快崩潰時做的一個倉促決定，某個午後他忽然

哭了,因為他問了自己一個問題:如果有人通知我今天死期到了,我會後悔嗎?答案竟是那麼肯定。雖然他有好工作、美麗的同居女友、親友,他發現自己這輩子從來沒有下過什麼賭注,平順的人生從沒有高峰或谷底。

一念之間,他選擇北卡羅來納的恐怖角作為最終目的地,藉以象徵他征服生命中所有恐懼的決心。

他檢討自己,很誠實地為他的「恐懼」開出一張清單:他從小就怕保母、怕郵差、怕鳥、怕貓、怕蛇、怕蝙蝠、怕黑暗、怕大海、怕城市、怕荒野、怕熱鬧又怕孤獨、怕失敗又怕成功、怕精神崩潰……,他無所不怕,卻又似乎「英勇」地當了記者。

這個懦弱的 37 歲男人上路前竟還接到奶奶的紙條:「你一定會在路上被人殺掉。」但他成功了,四千多公里路,78 頓飯,求助 82 位好心的陌生人。

沒有接受過任何金錢的餽贈,在雷雨交加中睡在潮溼的睡袋裡,也有幾個像殺手或搶匪的傢伙使他心驚膽顫,他在遊民之家靠打工換取住宿,還碰到不少患有精神疾病的好心人,他終於來到恐怖角,接到女友寄給他的提款卡(他看見那個包裹時,恨不得跳上櫃臺擁抱郵局職員)。他不是為了證明金錢無用,只是用這種正常人會覺得「無聊」的艱辛旅程來使自己面對所有恐懼。

恐怖角到了,但恐怖角並不恐怖,原來「恐怖角」這個名

Part 2
「一條道走到黑」不是堅持，是固執─擺脫思維局限，才能提高眼界

稱，是一位 16 世紀的探險家取的，本來叫「CapeFaire」（費厄角），被訛寫為「CapeFear」（恐怖角），僅僅是一個失誤。

邁克‧英泰爾終於明白：「這名字的不當，就像我自己的恐懼一樣。我現在明白自己為什麼一直害怕做錯事，我不是恐懼死亡，而是恐懼生命。」

花了六個星期的時間，到了一個和自己想像無關的地方，他得到了什麼？

得到的不是目的，而是過程。雖然他絕不會想要再來一次，但在回憶中是一次甜美的信心之旅，彷如人生。

真的，人生只不過如此。當你在一個安逸的環境中沉緬得太久時，一切都已成慣性，你只是順著生活的就有軌跡在走路，心中已沒有了追求事業和成功的熱切渴望，所有的東西都靜如止水，進入接近真空的狀態。曾經的稜角和銳氣蕩然無存，這樣的人是悲哀的，注定在事業上庸庸碌碌、一無所成。

由此可知，明智的做法應該是從改變自己做起。一個人只有勇於改變，才能讓事業和生活的軌道脫離原來的固有模式，重新朝著新的方向馳騁。給自己一個好的改變吧，因為改變提高了你的眼界，也改變了你的世界。

Part 3
充分肯定別人，你就贏在了氣度和胸懷
—— 你的處世格局，暴露了你的眼界

Part 3
充分肯定別人，你就贏在了氣度和胸懷—你的處世格局，暴露了你的眼界

格局大的人，更善於站在別人的角度看問題

俗話說：「退一步海闊天空」、「得饒人處且饒人」。在交際中，不必對別人的過失或缺點耿耿於懷，咬定「死理」不放鬆，否則勢必導致人際關係的惡化。

我們在社交場合與人交往時，都希望能與人相處得和和氣氣，但事情並不總如人意，有時難免會發生一些矛盾。當我們與人交往發生矛盾時，我們可能理屈或占理。理屈就不用說了，向人賠禮就是了。如果我們占理了呢？有人會說，既然占理，我們就要討個說法，絕不饒他。其實，這種得理不饒人的做法是不利於社交的。因為你在占理的情況下步步緊逼，老想讓對方服你，這很容易激發對方的牴觸心理，對方甚至會以同樣的方式對你。結果，矛盾還未解決又有新的矛盾出現了。

與人交往發生矛盾時，即使我們有理，也應讓人，這樣才能在更大程度上獲得社交上的成功。我們來看一下售票員小鄧的故事。

小鄧工作起來俐落、乾脆，但處理與乘客的關係時，從來不知忍讓，常常和乘客爭吵，甚至大打出手，曾因打傷乘客進過警察局。在反省過後，他意識到在主客關係中，乘務人員是矛盾的主要方面，只要自己建立良好的工作態度，就能同乘客建立起新的良好關係。有一次，汽車已經發動了，一個年輕人

硬是追上來攀住車門不放。小鄧怕他因此受傷，替他開車門時意外夾傷了手指，鮮血直流。可是，那年輕人上車後，不但不感激，反而先惡語傷人，找碴想打架。小鄧有理也饒人，堅持禮貌待客，車上的乘客都為之感動。一位帶小孩的女乘客掏出自己乾淨的手帕，幫小鄧包紮傷口。他一看，這位女乘客還是前不久和自己吵過架的，感動得不知說什麼好。

在人際交往中產生矛盾時，雖然是自己有理，在道義上占上風，但也不能得理不讓人，揪住別人的尾巴不放。

站在對方的角度看問題

格局大的人，更善於站在別人的角度看問題。「站在對方的角度看問題」，就是當你不知道他人的想法和需要時，你不妨設身處地地想一想。「設身處地」，就是設想你自己處於他的位置。為什麼要這麼設想呢？因為人的想法和需求，往往是由他的身分所決定的，你設想一下如果換一個位置，你變成了他，你的想法就不會是你現在的想法，而可能是他的想法。這樣，你就可以理解他的觀念和愛好，便能夠促進相互之間的諒解和溝通。

哈洛‧霍爾姆是個成功的旅行服務公司總經理，他的成功之處，在於他領導了一支深受顧客歡迎的一流服務團隊。他有一種本事，那就是營造一種寬鬆的感覺，讓員工願意自我提高

Part 3
充分肯定別人，你就贏在了氣度和胸懷─你的處世格局，暴露了你的眼界

的工作環境。

哈洛上任之前的總經理是一位對員工要求極為嚴格的上司，他對員工的任何錯誤都要給予懲罰，絕不留情面，但他的團隊至多是一支二流的隊伍。哈洛的做法恰恰與之相反，他對員工的錯誤一律寬大對待。

他常常對自己說：「旅遊服務是一項非常艱難的工作，作為一名導遊，你不但要面對那些有各自要求的遊客，而且必須熟練掌握每一處景點的歷史，明白它們的人文意義，在給顧客做講解的時候出一些差錯，沒有什麼了不起，即使是專門研究這些問題的專家也難以做到百分之百的正確。」因為他常常這樣想，所以當他知道某員工犯了錯誤時，他會拍著他的肩頭笑著對他說：「嘿！不要在意。下一次再努力。」

同前任總經理相比，哈洛先生對員工的過失雖然批評，但是他的手下願意更加努力地把工作做好，而且正是因為如此，導遊在工作的時候，用不著因為過分在意所講知識的準確性而束手束腳。因為沒有壓力，他們就能夠為顧客提供更為熱情周到的服務，他們不是把精力放在知識講解方面，而是放在對顧客的關心上。

哈洛先生的高明之處就在於，他不但對旅遊服務的工作難度有足夠的理解，而且知道遊客的需求——真誠的關心和熱情的幫助，而不會把關注點放在所參觀的景點的相關歷史知識上。

能夠站在對方的角度考慮問題，你就能夠寬容別人，能夠正確決定自己的行為方式，從而受到別人的歡迎。

拒絕有七種方法，如何高級地說「不」

學會說「不」是一種人生藝術，可以讓你避免無謂的干擾，然後得以集中時間和精力，去做最有價值的事情。

有些人總是以志工、助人者的角色，陷入一種對每一個人、每一件事都盡心盡力的生活型態中，他所承受的壓力讓他很難保持平靜從容的心境，煩躁、易怒、怨憤、悶悶不樂等形容詞非常準確地表達了他心中的真實感受。

在他本來想說「不」予以拒絕的時候，卻違心地說「是」予以答應。這種貌似口誤的表達後面，其實有種種更深層次的心理原因：也許他希望獲得別人的喜歡；也許他希望被別人重視；也許他願意被人奉承，應允別人的請求可以感到自己的力量；也許他擔心如果拒絕別人的要求就會失去什麼，這一切導致他對別人的要求違心地點頭應允。

可悲的是，一些人竟然會習慣性地認為，拒絕別人的要求是一種不良習慣。有時候，我們甚至還沒有聽清楚別人的要求是什麼，就心不在焉地讓「好」、「沒問題」等字眼從嘴邊溜了出

Part 3
充分肯定別人,你就贏在了氣度和胸懷─你的處世格局,暴露了你的眼界

來。還有許多人對別人的要求不好意思拒絕,因為他們會為了拒絕而在很長的一段時間裡感到不安或愧疚。

當有些人想占用你的時間和精力,希望你能答應他們的請求時,為了保護你所列的優先順序不被干擾,最有效的手段之一,就是具備對他人說「不」的能力。在你有過本來想說「不」卻違心地說了「是」的苦惱經歷以後,學會說「不」可能是一個比較困難的課程。

但是,如果要想有效地掌握自己的優先順序,為自己找到更多的時間,這就是一個非學不可的技巧。在今天的生活中,常常會有人跑來要求你去做占用你的時間卻只是對他們自己有利的事情。

幾乎每一個人都曾有過對一件事明明心裡想拒絕,可還是答應下來的經歷。無論這樣做的理由是什麼,隨便應允他人要求的做法,到後來就會使自己不由自主地把「要求」當作自己的義務,並且一而再、再而三地履行這些義務。

勇敢地說「不」

自信的人眼界更開闊,為人處世也更顯得遊刃有餘,一個有大格局的人,有拒絕人的底氣,該說「不」時,能勇敢地說「不」!

不過,說「不」也不是那麼簡單,而是需要技巧的,因為會

請求你辦事的人，大多是身邊的親朋或同事，如果技巧運用不好，很容易就傷害了彼此之間的關係。

技巧因人而異，但也有一些原則可循：盡量委婉、平和，說明你要說「不」的原因，讓對方有臺階下，也不致傷了和氣。如果可能，迂迴一點兒講也可以，而不直接說「不」，對方如果不是白痴，應能聽懂你的弦外之音。

不過，說「不」要進行學習，可以先從小事學起。久而久之，便可掌握分寸，不會臉紅脖子粗，讓人一見就知道你的「不」並不堅定。此外，還可把自己塑造成有原則的人，那麼一些無謂的要求就不會降臨到你身上。當然，一切還是要先看你「願不願意」。

■ 不要留下模糊空間去猜測

仔細傾聽他人的要求，問明白有關細節，弄清楚人家究竟期待你做什麼，以及這類要求多少時間會再出現。要搞得明明白白，不要接受含混不清的要求。在你開口表態以前一定要想清楚。

■ 暫緩表態

如果你沒有勇氣在別人提出要求時立即給予拒絕，那麼可以先說：「讓我仔細想一想，我會盡快給你答覆的。」等一兩天，然後鼓起勇氣來回覆他，拒絕他的要求。如果對方強迫你立刻

Part 3
充分肯定別人，你就贏在了氣度和胸懷—你的處世格局，暴露了你的眼界

回答他，那麼只能立刻回答他說「不」。拖上一陣子再說「不」予以拒絕（如果你已經決定了），要比當時猶猶豫豫地先說「是」答應下來，事後又想反悔容易得多。

■ 說「不」態度要堅定

如果你年幼的女兒希望你帶她去百貨商場而你不想去，就直截了當地說「不」，沒有商量的餘地。如果你的同事要求你加入一個籌集資金的基金會，就直接告訴他：「不行，我現在實在抽不出時間來。」

■ 以難以勝任為藉口予以拒絕

舉例來說，如果有人希望你去幫助他做含有大量文字寫作工作的事情，而寫作又不是你的強項，你就應該拒絕他。如果他說只有一點文字寫作時，你完全可以理解為幾乎全是寫作，最好的應對辦法就是乾脆地回答：「這件事我無法勝任。」

■ 把自己的計畫放在最優先的順序處理

說「不」予以拒絕，再加上一句補充「我現在實在太忙了」，或者「我已經精疲力竭了」。如果這樣說無法奏效的話，可以進一步表示：「我非常願意幫助你，但是我現在手頭上還有五件自己的事急著要辦。」他們聽了以後，一般不會提出來幫你做這五件事，但他們很可能就此打退堂鼓，不再堅持要麻煩你了。

■ 絕不要說「我沒有時間」

對方聽了後可能會好意地詳細追問你的行事細節，然後幫你從中找出可以抽出來幫助他們的時間，到了這一步，你就幾乎無路可退，不得不勉強地答應他們的要求。

■ 及時打斷對方談話

不要讓別人旁敲側擊地誘導你，使你最後不得不同意他們的要求。在談話中聽出來對方有某種暗示時，應儘早直截了當地說：「我很抱歉聽到這種情況。」或者說「我很抱歉你會遇到這個問題」，然後繼續按自己的思路說下去：「如果你希望我來幫你這個忙，我恐怕現在也沒什麼辦法。」

如果他進一步懇求你，就應該堅決一點兒回絕說：「我現在真的沒有辦法來幫助你。」用這種拒絕辦法來應付那些習慣於依賴別人幫助、總是占用人家的時間來為他們做這做那的家人和朋友，是很有效的。

Part 3
充分肯定別人，你就贏在了氣度和胸懷—你的處世格局，暴露了你的眼界

取得之前，要先付出

真正使一個人立於不敗之地的，從來不是毫釐必爭，而是眼界和格局。所有的喜怒哀樂都圍繞著得與失，眼界只能越來越窄，什麼時候能夠突破這種局限了，你的人生才能真正開掛。

《老子》中說：「名與身孰親？身與貨孰多？得與亡孰病？甚愛必大費；多藏必厚亡。故知足不辱，知止不殆，可以長久。」這句話是講人的一生之中，名聲和生命到底哪個更重要呢？自身與財物相比，何者是第一位呢？得到名利地位與喪失生命相衡量起來，哪一個是真正的得到？哪一個又是真正的喪失呢？所以說過分追求名利地位就會付出很大的代價，你有龐大的儲藏，一旦有變則必受巨大的損失。追求名利地位這些東西，要適可而止，否則就會得不償失，失去你一生中最為寶貴的東西。

老子的話極具辯證法思想，告訴我們應該站在一個什麼樣的立場看待得失問題。也許一個人可以做到虛懷若谷、大智若愚，但事事占下風，總覺得自己在遭受損失，漸漸地就會心理不平衡，於是就會去計較自己的得失，再也不肯忍氣吞聲地吃虧。事事一定要分辨個明明白白，結果朋友之間、同事之間是非不斷，自己也惹得一身腥，而所想得到的也照樣沒有得到，這是失得多還是得得多呢？

對於得失問題，古人還了解到：自然界中萬物的變化，有

盛就有衰；人世間的事情同樣如此，總是有得有失。

《論語》中記載孔子的言論：「愚鈍的人可以讓他做官嗎？如果讓這樣的人做官的話，還沒有得到官位的時候，害怕得不到；做了官以後又怕失去。既然怕失去官位，就什麼都做得出來。」

同樣庸人在沒有得到富貴與權力的時候，就是害怕得不到；得到富貴與權力的時候，又唯恐失去。這就是我們常說的患得患失。

患得患失的人是把個人的得失看得過重。其實，人生百年，貪慾再多，錢財再多，也一樣是生不帶來、死不帶去。

挖空心思去巧取豪奪，難道就是人生的目的？這樣的人生難道就完善、幸福嗎？過於注重個人的得失，使一個人變得心胸狹隘、斤斤計較、目光短淺。而一旦將個人利益的得失置諸腦後，便能夠輕鬆對待身邊發生的事，遇事從大局著眼，從長遠利益考慮問題。

《老子》中說：「禍兮，福之所倚；福兮，禍之所伏。」得到了不一定就是好事，失去了也不見得是件壞事。正確地看待個人的得失，不患得患失，才能真正有所收穫。人不應該為表面的得到而沾沾自喜，認識人，認識事物，都應該認識其根本。得也應得到真的東西，不要被虛假的東西所迷惑。失去固然可惜，但也要看失去的是什麼，如果是自身的缺點、問題，這樣的失又有什麼值得惋惜的呢？

Part 3
充分肯定別人，你就贏在了氣度和胸懷―你的處世格局，暴露了你的眼界

取得之前，要先付出

　　一個人在沙漠中行走，途中遇到暴風沙。一陣狂沙吹過之後，他已認不得正確的方向。就這樣，他在沙漠中漫無目的地走了很久，直到食物和水全部都用完了。

　　當他快支持不住的時候，突然發現了一幢廢棄的小屋，他拖著疲憊的身子走進了屋內。這是一間不通風的小屋子，裡面堆了一些枯朽的木材。他幾近絕望地走到屋角，卻意外地發現了一座抽水機。

　　他興奮地上前汲水，但任憑他怎麼抽水，也抽不出半滴水來。他頹然地坐在地上，卻看見抽水機旁有一個用軟木塞堵住瓶口的小瓶子，瓶上貼了一張泛黃的紙條。紙條上寫著：「你必須用水灌入抽水機才能引水！不要忘了，在你離開前，請再將水裝滿！」

　　他拔開瓶塞，發現瓶子裡果然裝滿了水！這時，他的內心開始天人交戰：如果自私點兒，只要將瓶子裡的水喝掉，他就不會渴死，就能活著走出這間屋子！如果照紙條做，把瓶子裡唯一的水，倒入抽水機內，萬一水一去不回，他就會渴死在這地方了。

　　「到底要不要冒險？」最後，他決定把瓶子裡唯一的水，全部灌入看起來破舊不堪的抽水機裡，當他把水灌進去後，再用顫抖的手汲水，水真的湧了出來！

他喝足水後，把瓶子裝滿水，用軟木塞封好，然後在原來那張紙條後面，再加他自己的話：「相信我，真的有用。」

我們在取得之前要先學會付出，建議人們在問「有誰能夠幫助我？」之前先問問自己「我可以幫助誰？」因為在你誠心誠意關心別人時，別人也會同樣關心你；在你幫助別人後，別人也自然願意幫助你。

一個出身貧苦的男孩，為了累積學費而挨家挨戶推銷商品。有一天晚上，奔走了一整天的他又累又渴又餓，但是口袋裡只剩下一枚1角錢的硬幣了。於是他決定到下一家時，向人家要餐飯吃。然而，當一位美麗的女孩開啟房門的時候，他反而失去了勇氣，只要求女孩給他一杯水喝。

美麗的女孩看出了他的疲憊和飢餓，微笑著給他端來一大杯鮮奶。男孩慢慢地喝完牛奶，問道：「我該給您多少錢？」而女孩的答覆卻是：「一分錢也不用付，我媽媽教導我，施以愛心，不圖回報。」

淚水湧上了男孩的眼眶，他輕輕地說：「那麼，就請您接受我由衷的感謝吧！」說完，男孩離開了這戶人家。此時，他不但感到自己的身體又有勁了，而且也對未來充滿了信心。其實這個男孩原本陷入絕境，已準備放棄一切。

數年後，當年的那個女孩得了一種罕見的重病，當地的醫生束手無策。她的家人只好把她送到大城市去，請那裡的專家來診治。

Part 3
充分肯定別人，你就贏在了氣度和胸懷—你的處世格局，暴露了你的眼界

　　一位有名的醫生參加了會診。當他看到病歷上記載的家庭地址時，他的眼中閃過異樣的光芒，馬上從醫院大廳跑到了樓上的病房。進了病房，他一眼就認出了這位病人就是當年送過滿滿一大杯牛奶給他喝的恩人。而當年的那個小男孩如今已是大名鼎鼎的霍華德・凱利（Howard Kelly）醫生了。

　　凱利醫生回到自己的辦公室，下定決心要盡最大的努力來挽救她的性命。從那天起，他就特別關照這個對自己有恩的病人。經過努力，成功完成了手術，這名女子的病治好了，身體漸漸恢復。

　　後來，出院的帳單被送到凱利醫生手中，請他簽字。醫生看了帳單一眼，然後在帳單邊緣上寫了幾個字，讓人將帳單送進她的病房。這位女子不敢開啟帳單看，因為她知道，她得用全部餘生來償還這筆費用。

　　最後，她還是鼓起勇氣，開啟了帳單，卻驚訝地看到上面寫著這樣一行字：「多年前已用一杯牛奶全部付清。」後面的署名是「霍華德・凱利醫生」。

　　在人生的漫漫長河中，我們肯定會遇到許許多多的困難。在前進的路上，搬走別人腳下的絆腳石，有時恰恰就是在為自己鋪路。幫助別人，有時就是幫助我們自己。生活常常就是這樣。只要你盡可能真誠地幫助別人，成功就會來陪伴你。

學學聰明人的處世套路

俗話說：真正聰明的人，往往聰明得讓人不以為其聰明。聰明人和普通人的區別是，聰明人表面笨拙、糊塗，實則內心清楚明白，這難道不是一種更為高明的處世藝術嗎？

「難得糊塗」是糊塗學集大成者鄭板橋先生的至理名言，他將此體系闡述為：「聰明難，糊塗亦難，由聰明轉入糊塗更難。放一著，退一步，當下心安，非圖後來福報也。」做人過於聰明，無非想占點小便宜；遇事裝糊塗，只不過吃點小虧。但「吃虧是福不是禍」，往往有意想不到的收穫。「饒人不是痴，過後得便宜」，歪打正著，「吃小虧占大便宜」。

有些人只想處處占便宜，不肯吃一點虧，總是「斤斤計較」，到後來在我看來是「機關算盡太聰明，反誤了卿卿性命」。鄭板橋說過：「試看世間會打算的，何曾打算得別人一點，真是算盡自家耳！」世上最可悲憫的人，他們往往自我感覺良好，正是古人所謂「賊是小人，智是君子」之人，是那些具有君子的智力卻懷有小人之賊心的人，他們最大的敵人即是他們自身。為人處世與其聰明狡詐，倒不如糊裡糊塗卻敦厚。

鄭板橋以個性「落拓不羈」聞名於史，心地卻十分善良。他曾給其堂弟寫過一封信，信中說：「愚兄平生漫罵無禮，然人有一才一技之長，一行一言為美，未嘗不嘖嘖稱道。囊中數千

金,隨手散盡,愛人故也。」以仁者愛人之心處世,必不肯事事與人過於認真,因而「難得糊塗」確實是鄭板橋襟懷坦蕩的真實寫照,他並非一般人所理解的那種毫無原則、稀裡糊塗之人。

糊塗難,難在於人私心太重,眼前只有名利,不免去斤斤計較。《列子》中有齊人攫金的故事,齊人被抓住時官吏問他:「市場上這麼多人,你怎敢搶金子?」齊人坦言道:「拿金子時,看不見人,只看見金子。」可見,人性確有這種弱點,一旦迷戀私利,心中便別無他物,用現代人的話說就是:財迷心竅!

小事糊塗,大事精明

聰明有大聰明與小聰明之分,糊塗亦有真糊塗、假糊塗之別。北宋人呂端,官至宰相,是三朝元老,他平時不拘小節,不計小過,彷彿很糊塗,但處理起朝政來機敏過人,毫不含糊。宋太宗稱他是「小事糊塗,大事不糊塗」。有一種人恰恰相反,只要是便宜就想占,只要是好處就想貪,為了一點小利,不顧前程;為了一點小過,爭個你死我活。這種人看似聰明,其實再糊塗不過。

人畢竟沒有三頭六臂,當你事事比別人聰明時總會引起別人的反感和嫉妒,終究「明槍易躲,暗箭難防」,導致自己受到無謂的傷害,甚至犧牲。真正聰明的人、正直的人大可不必在一些小事上錙銖必較,此時「糊塗」一下又何妨?只要能在大

事上保持清醒的頭腦就行了。所以，在辦事時，千萬不要在小事上糾纏不休，搞得自己精疲力竭、心緒不寧，而到了大事面前，卻又真的糊塗了。

在瞬息萬變的現代社會中，與人打交道時，倒不如多一點「糊塗」，少一點執拗，這何嘗不是另一番開朗、超脫的境界呢？

以退為進的明智之舉

對於成功者來說，只要人生目標的大方向沒變，有時候選擇以退為進的策略，也不失是一種明智的方法。

美國前總統柯林頓跟陸文斯基（Monica Lewinsky）的那場「拉鍊門」風波，也許仍然留在人們的腦海中。我們可以想一想，當柯林頓與陸文斯基的事情東窗事發時，柯林頓若死不承認，這也是一種選擇。當著全世界人的面，堂堂的美國總統承認自己的醜事，這是多麼令人難堪的事情啊！但柯林頓的聰明之處就在於，他採取了一種以退為進的策略，承認了自己的錯誤。

同樣是美國前總統，當年甘迺迪（Robert Kennedy）在競選美國參議員的時候，他的競選對手在最關鍵的時候抓到了他的一個把柄：甘迺迪在學生時代，因為欺騙而被哈佛大學退學。

Part 3
充分肯定別人，你就贏在了氣度和胸懷—你的處世格局，暴露了你的眼界

這類事件在政治上的影響是巨大的，競選對手只要充分利用這件事情，就會使甘迺迪誠實、正直的形象蒙上一層陰影，使他的政治前途黯淡無光。一般人面對這類事情的反應不外乎是極力否認、澄清自己，但甘迺迪很爽快地承認自己確實曾犯了一項嚴重的錯誤，他說：「我對於自己曾經做過的事情感到很抱歉。我是錯的，我沒有什麼可以辯駁的餘地。」甘迺迪這麼做，等於說「我已經放棄了所有的抵抗」，而對於一個已經放棄抵抗的人，你還要跟他沒完沒了嗎？如果對手真的繼續進攻了，便顯得有失風度。

因此，我們需要記住一個基本原則：一個人既然已經承認錯誤了，那麼你就不能再去攻擊他，再去跟他計較。

這是在被動的情況下採用以退為進的策略。在主動的情況下，如果徹底解決某個問題的時機沒有完全成熟，也可以採用這種策略。

清朝康熙皇帝繼位時年齡很小，功臣鰲拜掌握著朝中大權，並想謀取皇位。康熙十分清楚鰲拜的野心，但他覺得自己根基未穩，準備尚不充分，不能輕易動手。於是，索性不問政事，整天與一幫哥們「遊戲」，製造出自己昏庸無能的假象。有一次，康熙著便服同索額圖一起去拜訪鰲拜，鰲拜見皇帝突然來訪，以為事情敗露，伸手到炕上的被褥中摸出一把尖刀，被索額圖一把抓住。直到此時，康熙仍裝糊塗說：「這沒什麼，想我

滿人自古以來就有刀不離身的習慣,有什麼奇怪的呢?」康熙此舉讓鰲拜對他徹底放鬆戒備,以退為進的策略讓康熙等到制裁鰲拜的成熟時機,如果過早的暴露自己針對鰲拜的心思,想來,鰲拜應該也不會給康熙活命的機會。所以,康熙的退讓可以說是放出長線釣到了大魚。

大丈夫能屈能伸

荀子說,大丈夫根據時勢,需要屈時就屈,需要伸時就伸;可以屈時就屈,可以伸時就伸。屈於應當屈的時候,是智慧;伸於應當伸的時候,也是智慧。屈是儲存力量,伸是壯大力量;屈是隱匿自我,伸是高揚自我;屈是生之谷底,伸是生之巔峰。有谷底,有巔峰,犬牙交錯,波浪行進,這才構成了完美而豐富的人生。

荀子又說,大丈夫推崇他人的德行,讚揚他人的道德,這不是出於阿諛奉承;公正地、坦率地指出他人的錯誤,這不是出於誹謗和挑剔;客觀地、中肯地表明自己光明磊落,與虞舜夏禹相比擬,與蒼天大地相參合,這不是虛誇狂妄。隨時勢能屈能伸,柔順如同薄席,可卷可張,這不是出於膽小怕事;剛強、勇敢而又堅毅,從不屈服於人,這也不是出於驕傲暴戾。

荀子還說,人如果到了如《詩經》中所說的,「往左,你能應付裕如;往右,你能掌握一切」的境界,就不枉為人了。

Part 3
充分肯定別人，你就贏在了氣度和胸懷—你的處世格局，暴露了你的眼界

大丈夫有起有伏，能屈能伸。起，就起他個直上九霄；伏，就伏他個如龍在淵；屈，就屈他個不露痕跡；伸，就伸他個清澈見底，這何嘗不是一種大格局？

南宋抗元英雄文天祥，幾次被捕幾次逃亡，出生入死，找到自己的軍隊，與敵人展開最後一戰，被捕後英勇就義，英名流芳百世。他那「人生自古誰無死，留取丹心照汗青」的詩句永遠激勵著後人！

史學家司馬遷對楚國義俠季布為實現自己的政治抱負，不惜喬裝為奴，忍辱偷生曾給予如下評論：「……季布以勇顯於楚，身屨軍搴旗者數矣，可謂壯士。然至被刑戮，為人奴而不死，何其下也！彼必自負其材，故受辱而不羞，欲有所用其未足也，故終為漢名將，賢者誠重其死。夫婢妾賤人感慨而自殺者，非能勇也，其計畫無復之耳。……」

其實，司馬遷本人就是耿介之士，當眾人異口同聲地詆毀李陵降胡時，他卻站出來，仗義執言，結果觸怒了漢武帝而被處以腐刑，受腐刑乃奇恥大辱，這種恥辱是錚錚鐵漢難以忍受的，按說司馬遷理應自殺，但他深知自己肩負著客觀記述歷史的使命，必須忍辱偷生。

試想：如若沒有司馬遷的忍辱負重，怎能有《史記》鉅著的問世？李陵的英雄壯舉又怎能為世人所知呢？這樣的賴活比好死價值高出千倍。

進退、伸屈的規則是人生要懂得的至高智慧，真正參悟了進退之道的人，才是真正的大格局者！

年輕人，你為什麼總「鑽牛角尖」？

「鑽牛角尖」的原意是形容費力鑽研那些不值得研究或無法解決的問題。在現實生活中，人們常常把這一點引申為想問題、辦事情比較死板，不知變通，不會轉彎。

有一個人給一位心理專家寫信說：「我這個人是班裡有名的死腦筋，想問題、做作業總是死搬教條，因此常常鑽牛角尖。」在這裡，「鑽牛角尖」就是「死腦筋」的同義詞。

現在，我們就按照所延伸的這層意思來講講這個問題。所謂的「死腦筋」，主要是思考的靈活性比較差，但思考為什麼不靈活呢？

其實，這裡有先天性的生理原因，也有後天的修養原因。

從先天的原因來看，主要和人的高級神經活動的特點有關，而人的高級神經活動分為四種基本類型。

其中一種是「安靜型」，屬於這種類型的人，他們大腦的高級神經活動有一個較突出的特點，那就是在對外界的影響做出反應時很遲鈍。

Part 3
充分肯定別人，你就贏在了氣度和胸懷—你的處世格局，暴露了你的眼界

　　只要你稍微留心一下就可能發現，我們周圍這種慢節奏的人很多，平常我們把這種人稱為「慢性子」。

　　這種慢性子的人在看問題、辦事情時，就可能表現出惰性的特徵：到了拐彎處，他難以迅速轉彎，還需要走一陣子，甚至一直走下去，以至於鑽進「牛角尖」。

　　從後天的修養來看，主要是因為在後天氛圍中，人們不同的心理特徵對思維靈活性有影響。從思維自身的特徵來說，有些人的思維是發散式的，因此想問題比較開放，一些人喜歡從不同的角度來想像。有的人的思維是集中式的，這種人想像總是較傾向於整齊劃一，熱衷於沿著一條思路找尋答案，追求穩定。相對來說，那種集中式思維特徵比較突出的人，容易陷入「牛角尖」。

　　這種人眼界窄小，只能盯著一處，辦事時不會變通，思維也不會靈活發散，導致事情辦得並不盡如人意。因此，他們應該嘗試走出「牛角尖」，學會迂迴辦事的藝術。

學點「彎彎斡斡」

　　拐彎抹角，藏鋒不露，也是一種辦事藝術。它是為了創造一種適宜的寒暄氣氛，有意抓住生活中的旁枝末節，在彼此的心弦上輕撥慢捻，從而彈奏出人情味，化對立為調和，變冷漠為熱情。

當你有事去求助某位知名人士時,此君以工作忙碌為由搪塞,你也不必氣餒。不妨做一名熱心的聽眾,積極尋找交談的「由頭」,看準時機,再說:「您剛才說的那段話,使我想起了一個問題……,不知您對此有何見教?」他就會在不知不覺中順口說出對這個問題的意見。這樣,彼此之間的距離就會拉近。

辦事中,當自己遇到舉棋不定或束手無策的事件時,不妨使對方的話說個開頭就中斷,「這麼說,你的意思是……」這樣很容易令對方自以為是「主角」,在毫無戒心的情況下,通常會自然地將自己的心跡「投影」在接下去的話裡,使你既體現了對對方的尊敬,又避免了因山窮水盡而出洋相。

人常說:要討母親的歡心,莫過於稱讚她的孩子。一些聰明的人往往利用孩子在人際交往中充當媒介,本是一樁看似希望渺茫的事,透過向「小王子」、「小公主」大獻殷勤,可以迎刃而解。

由於人與人的認知水準、思想觀點、生活方式各有不同,所以在辦事時會發生衝突或摩擦,即使有很好的人際關係,也難免心生怨氣,耿耿於懷。這種「心肌梗塞」如不及時醫治,久而久之便會惡化。而有辦事技巧的人,會在「戰事」停息之後,不忘遞上一杯熱咖啡 —— 不是親自登門道歉,就是在對方另一位朋友面前故意將過去的事大加渲染,有的放矢地講自己是為大家好,是迫不得已而為之,以此將你的苦衷、誠心間接地傳

Part 3
充分肯定別人，你就贏在了氣度和胸懷—你的處世格局，暴露了你的眼界

遞給對方，讓他覺得你是如此大度、不計前嫌，使他更加忠於你，與你為善。

然而，拐彎抹角，也不是漫無邊際，只有「有的」放矢，掌握辦事技巧，我們才能如魚得水，在人際交往中立於不敗之地。

吃虧是福？那我祝你福如東海

有些人長期以來養成了逆來順受、任勞任怨、安分守己等「傻氣」，使得自己在職場中連連吃虧。他們的這些特點如同一堵堵牆般緊緊將其包圍，讓他們處在「苟延殘喘」的境地。

在職場中，有些人總是逆來順受，對人對事謹小慎微，從不會隨便得罪別人，即使別人得罪了自己，也不會懷恨在心，更不會以牙還牙。對於別人的一點點恩惠，也牢記心中找機會給予報答。他是被欺壓的絕好對象，最苦最累沒人肯做的工作必定是這種人去做，最輕鬆、舒適的事必定與他無緣。

他們是理所當然的「受氣包」，一個最基本的特徵就是埋頭苦幹，不爭不奪，害怕受到傷害，害怕承擔責任，不敢突破常規，不敢表現情緒……做什麼事都瞻前顧後、畏首畏尾；總是一味地忍讓、退縮，主張「和」為貴，強調「忍」為上，結果往往不能守住自己的底線，不戰而降。

他們總是想當然地認為，只要遵守原則，就會自然而然地得到想要的結果，去爭奪是對原則的一種違背，因而是不道德的也是不可取的。老實人以安分守己為美德，以爭權奪利為醜惡，以不爭為高尚。

這些人日夜苦幹，可到頭來一切功勞都被「白眼狼」叼走，實在是可憐，這種情況在職場中最為突出。我個人非常不贊同這類人的做法，一個連自己的利益都維護不好，只知忍讓的人，連反抗的勇氣和智慧都沒有，還談什麼大格局？談什麼成功？

勇於抗爭

如果你是初進公司，對公司人事還不是很了解，而你又有比較突出的工作能力和較高的學歷，心胸豁達的上司認為你是可用之才，也許會大力提拔你；但小心眼的上司對工作突出的下屬耿耿於懷，怕這些菜鳥部屬一不小心「功高蓋主」，搶了自己的風頭，阻礙了自己的前途。小心眼上司的最大特徵是將他人的業績攬到自己頭上，還時不時使個絆子。使絆子到還不影響工作情緒，最怕的是業績被搶，完成工作的成就感剎那間灰飛煙滅，個人在公司裡的價值也隨之蕩然無存，除了心寒，還有什麼呢？

小吾從畢業時進去的公司跳槽出來後，在一家剛成立的顧問公司做客戶經理，三個多月做下來，小吾形容自己是巨石下

Part 3
充分肯定別人，你就贏在了氣度和胸懷—你的處世格局，暴露了你的眼界

的小草，拚命挺直身子，在公司裡掙扎，主要原因就是自己做成的客戶，彙報到老闆那裡都變成頂頭上司的業績，頂頭上司原本是憑藉傲人的工作經歷被招進公司直接做客戶總監的，僅比小吾早進公司兩個多月。據說，客戶總監在小吾進公司前業績平平，小吾進公司後，才有了點「高歌猛進」（這是老闆在工作總結會上的表揚用詞）的意味，而老闆完全不知道這其中有很多是小吾的成績。小吾與朋友們說起這些事，最常用的一個詞是「鬱悶」。如果不是就業形勢不樂觀，小吾可能已經開始尋找下一家公司了。可是現在，難道只能忍氣吞聲嗎？

忍氣吞聲固然是職場中人稜角磨圓的表現，但膽識仍是職業成功不可或缺的要素。其實，最有效的辦法就是不動聲色地抗爭，利用和老闆直接對話的機會彙報自己的工作，多提對公司發展有價值的建議。這樣，你的業績顯而易見，更不會給那些小心眼的上司留下可乘之機。

再說，無論職位高低，所有的員工都是給老闆打工，所有的老闆都希望員工忠於自己，只要在老闆心目中確立良好的人格地位，你的「白眼狼」上司想搶你的業績就難。

雖然有些時候吃虧是一種福氣，但有些時候吃虧是一種無能的表現，所以要根據具體情況，決定是忍讓還是抗爭。

陌生人是尚未認識的朋友

著名記者阿迪斯曾說:「世界上沒有陌生人,只有還未認識的朋友。」阿迪斯的話給我們許多啟示。不要懼怕和陌生人交流,也許,在交流的過程中,你能得到一份意想不到的收穫。

多年來,美國著名記者阿迪斯往返世界各地,他和陌生人的談話有許多是他畢生難忘的。他說:「這就好像你不停地開啟一些禮物盒,事前卻完全不知道裡面有什麼。老實說,陌生人吸引人之處,就在於我們對他們一無所知。」

阿迪斯舉例說,紐澳良那個修女,她看起來溫文爾雅,不問世事。但是,阿迪斯不久就發現她的工作是協助粗野的年輕更生人重新回歸社會。他還在加拿大一列火車上遇到一位一本正經的老婦,她說她正前往北極圈內的一個村莊,因為她聽人說在那裡會見到北極熊在街上跑!

阿迪斯說:「跟我談過話的陌生人,幾乎每一個都使我獲益匪淺。」在公園裡遇到的一個園丁,告訴阿迪斯關於植物生長的知識比他從任何地方學到的都多。埃及帝王谷一個計程車司機,請阿迪斯到他沒鋪地板的家裡吃茶,讓他見識到一種與自己迥然不同的生活方式。在挪威奧斯陸,一個在第二次世界大戰時曾經參加祕密抵抗組織的戰士帶阿迪斯到海邊一個荒涼高原,他告訴阿迪斯說,就在那個地方,納粹為了報復反抗組織

Part 3
充分肯定別人，你就贏在了氣度和胸懷—你的處世格局，暴露了你的眼界

的襲擊而把人質處決了。

我們過去從來沒有見過的人，甚至能幫助我們認識自己。因為我們可能對一個陌生人說出，我們時常想說但不敢向親友說的心理話，他們因此便成了我們認識自己的一面新鏡子。

如果運氣好，和陌生人的偶遇還會發展成為終生不渝的友誼。阿迪斯說：「世界上沒有陌生人，只有還未認識的朋友。」

與陌生人相處的技巧

在與陌生人接觸的過程中，人們常常希望實現一定的目的，這就迫切需要盡可能地拉近彼此情感的距離。這個時候，如果能給對方製造「一見如故」的感覺，很多問題就會迎刃而解，但想要做到這一點，我們需要採用以下技巧：

■ 了解對方，投其所好

人們常說「不打無準備之仗」，當一個人特意要去結識一個從未打過交道的陌生人時，也應該把這一過程當成一次不可忽視的挑戰，事先做好充分的準備。一方面，可以透過多種管道了解對方的背景、經歷、性格、喜惡；另一方面，在掌握了對方基本情況的前提下，設想有可能出現的問題，做好以不變應萬變的心理準備。然後，在交往之中針對對方的特點有的放矢，投其所好，令其大有「相見恨晚」之感，從而成功贏得對方的信任。

■ 尋求共同點

所謂「酒逢知己千杯少」,兩個意氣相投的人在一起總覺得有說不完的話。因此,我們在和陌生人交往時,不妨多多尋求彼此在興趣、性格、閱歷等方面的共同之處,在越談越投機的過程中,獲得更多關於對方的資訊,迅速拉近距離,增進感情。

■ 談談周圍的環境

如果你十分好奇,你自然會找到談話題目。有一次,一個陌生人審視周圍,然後打破沉默,開口說:「在酒會上可以看到人生百態!」這就是一句很有趣的開場白。

阿迪斯有一次坐火車,身邊坐了一位沉默寡言的女士,一連幾個小時他千方百計引她說話都未成功。等到還有半個小時就要分手時,他們經過一個小海灣,大家都看到遠處岬角上有一座獨立無依的房屋。她凝視著房子,一直到看不到它為止。然後,她突然說道:「我小時候就生活在這種杳無人跡的地方,住在一座燈塔裡。」接著,她講述了那種生活的荒涼與美麗。

■ 以對方為話題

有一次,阿迪斯聽見一位太太對一個陌生的女士說:「你長得真好看。」也許,我們大多數人都沒有說這種話的勇氣,但我們可以說「我遠遠就看見你進來,我想……」或者「你正在看的那本書正是我最喜歡的」。

Part 3
充分肯定別人，你就贏在了氣度和胸懷—你的處世格局，暴露了你的眼界

■ 提出問題

許多難忘的談話都是從一個問題開始的。阿迪斯常常問別人：「你每天的工作情況怎麼樣？」通常人們都會熱心回答。

一定要避免令人掃興的話題。可能沒有人願意聽你高談闊論諸如狗、孩子、食物和菜單、自己的健康、高爾夫球，以及家庭糾紛之類的事。所以，在談話中最好不要談及這些問題。

邱吉爾（Winston Churchill）就認為有關孩子的話題是不宜老掛在嘴邊的。有一次，一位大使對他說：「溫斯頓・邱吉爾爵士，你知道嗎？我還一次都沒跟您說起我的孫子呢。」邱吉爾拍了拍他的肩膀說：「我知道，親愛的夥伴，為此我實在是非常感謝！」

■ 表示信任

兩個陌生人之間總會因為素昧平生、互不了解而產生一層隔閡，並且時常由於兩人的矜持和互不信任而造成交流失敗。所以，我們不妨主動一點，率先衝開這一層障礙，把對方當成熟悉的朋友，採取恰當的方式向其坦率地吐露心聲，用真誠和信任叩響對方的心扉。

聞一多是一位平易近人、深受人們愛戴的學者。他樸實無華的言談往往會深深地打動聽眾的心，請看下面這段演講：「今天承諸位光臨，得到同諸位見面的機會，感激之餘，就讓我們

趁此機會正式地、公開地向諸位伸出我們這隻手吧！請諸位認清，這是『毫無縛雞之力』的書生的手，不可能也不願意威逼人，因此也不受威逼。這隻『空空如也』的窮人的手，不可能，也不願意去利誘人，因此也不受人利誘，你儘可瞧不起它，但是不要怕它，真是有什麼可怕呢？不信，你聞聞，這上面可有血腥味？這隻拿了一輩子粉筆的手，是隨時可以張開給你們看的。你瞧，這雪白的一把粉筆灰，正是它的象徵色。我再說一句，不要怕，這是一隻潔白的手啊！然而，也不可以太小看它。更有許許多多這樣的手和無數的拿鋤頭的手、開機器的手、打算盤的手、拉洋車的手，乃至縫衣、煮飯、掃地、擦桌子的手，團結捏在一起，到那時你自然會驚訝這些手的神通，因為它們終於扭轉了歷史，創造了奇蹟。我們現在是用最誠懇的心，向大家伸出這雙潔白乾淨的手。希望大家跟我們合作，並且給我們指教！」

■ 以謙虛贏得好感

　　謙虛是一種美德，謙虛者常常給人留下有禮貌、有素養、有深度的印象。面對陌生人時，飛揚跋扈只會讓人退避三舍，而謙遜得體、不卑不亢的言談舉止能夠充分體現自己的涵養和平易近人的性格，為對方帶來親切隨和的感受，消除其膽怯、羞澀的心理，此外還能給其以較大的自由度和自信心，鼓勵其積極大膽地將交談展開。

Part 3
充分肯定別人，你就贏在了氣度和胸懷—你的處世格局，暴露了你的眼界

解放戰爭時期，有一次劉少奇同志為中國華北記者團的同志做了一次工作報告，報告的開始是這麼說的：「很久以前，就想和你們做新聞工作的朋友談一次話，我過去只和新華社的朋友談過，和多數朋友都沒談過。談到辦報，我是外行，沒辦過報，沒寫過通訊，只是看過報。因此，我不是很了解你們工作的甘苦。但是，作為一個讀者，我可以向你們提點要求，你們寫東西是為了給大家看的，你們是為讀者服務的，看報的人說好，你們的工作就是做好了，看報的人從你們那得到材料，得到經驗，得到教訓，得到指導，你們的工作就是做好了……」劉少奇的講話給在場的記者們留下了深刻的印象。

充分肯定別人，你可以試試「徵求意見」的魅力

馬克‧吐溫（Mark Twain）曾經說過：「一句精采的讚辭可以代替我十天的口糧。」充分肯定別人，你就贏在了氣度和胸懷。

每個人都希望得到讚美，人性最深切的渴望就是擁有他人的讚賞。有一位中年人養了許多品種極佳的豬及純種的白臉貓，它們曾在鄉村集市歐洲牲畜展示會上獲得金牌，這位中年

充分肯定別人,你可以試試「徵求意見」的魅力

人把榮譽絲帶別在一塊純白棉布上,每當朋友來訪,他就將這塊棉布展現出來,這些豬並不在意它所贏得的榮譽,但這位中年人在意,因為這些金牌絲帶滿足了他的成就感。

中國有句話是「三人行,必有我師」,試著去欣賞他人的優點,給予誠心誠意的讚美和鼓勵吧!充分肯定別人,你就贏在了氣度和胸懷!

每天至少找出一個人,如果可能的話,不妨再多找一些,你必須在這人身上找出一些美德,然後加以讚揚。不過,請記住:這些讚揚絕對不可以是虛偽、低俗的奉承,而必須是真實的讚揚,用極為熱切的語氣說出你的讚美之辭,如此可讓對方產生深刻的印象。

不要怕因讚美別人而降低自己的身價。相反,應當透過讚美表示你對人的真誠,記住這一句話:「給活著的人獻上一朵玫瑰,要比給死去的人獻上一個花圈價值大得多。」生活中沒有讚美是不可想像的。百老匯一位喜劇演員有一次做了個夢,夢見自己在一個座無虛席的劇院,給成千上萬的觀眾表演,但沒有獲得一絲掌聲,後來他說:「假若一個星期能賺上十萬美元,這種生活也如同下地獄一般。」

讚美是不能夠勉強的,它是理智與情感融合而達到巔峰的一種表達方式。勉強的讚美,不僅使自己心裡有不協調之感,而且還會把這種情感傳達給聽者。社會上有一些人,有時用一

Part 3
充分肯定別人，你就贏在了氣度和胸懷－你的處世格局，暴露了你的眼界

些好聽的話去奉承別人，暫時收到一些效果。但那畢竟是有不可告人的目的，一旦得逞，他的甜言蜜語也會化為灰燼。我們所指的讚美，首先是被讚美的事物本身的確有值得歌頌之處；其次，它也的確能加深讚美者與被讚美者之間的友誼。

當你讚美別人的時候，好像用一支火把照亮了別人的生活，使他的生活更加有光彩；同時，這支火把也會照亮你的心田，使你在這種真誠的讚美中感到愉快和滿足，並激起你對所讚美事物的嚮往之情，引導自己朝這方向前進。當你向朋友說「我最佩服你遇事能夠堅決果斷，我能像你這樣就好了」的時候，也會被朋友的美德吸引，使自己也能夠堅強果斷起來。妻子或丈夫要是能用心向對方說些讚美的話，就等於取得了最可靠的結婚保險。

此外，讚美可以消除人與人之間的怨恨。某地有一家歷史悠久的藥店，店主巴洛具有豐富的經營經驗。正當他的事業蒸蒸日上時，離他不遠的地方又開了一家小店。巴洛十分不滿這位新來的對手，到處向人指責小店賣次藥，毫無配方經驗。小店主聽了很氣憤，想到法院去起訴。後來，一位律師勸他，不妨試試表示善意的方法。顧客們又向小店主述說巴洛的攻擊時，小店主說：「一定是誤會了，巴洛是本地最好的藥店主。他在任何時候都樂意給急診病人配藥。他這種對病人的關心給我們大家樹立了榜樣。我們這地方正處在發展之中，有足夠的

空間可供我們做生意，我是以巴洛為榜樣的。」巴洛聽到這些話後，急不可耐地找到自己的年輕對手，還向他介紹自己的經驗。就這樣，怨恨消失了。

稱讚的原則

根據心理學家的報告，稱讚別人時，應該遵守下列五項原則。

■ 當面稱讚別人

如果對方是個女人，她的新帽子很漂亮，你要勇敢地當面稱讚她；如果對方是個男人，他的領帶很漂亮，你也應該勇敢地當面稱讚他；如果得知友人獲得成功，你也應該立即打電話向他道賀。

你不可能不費吹灰之力就使對方感到愉快，所以即使你的稱讚不可能收到100%的效果，也應該毫不遲疑地當面告訴他。

■ 徵求意見的魅力

比如，你可以問對方「你認為如何？」或者「我該怎麼辦？」這是屬於一種間接的稱讚。你或許認為它不能達到和直接稱讚相同的效果，但如果你能運用得當，它絕對能夠產生比直接稱讚更好的成效。

Part 3
充分肯定別人，你就贏在了氣度和胸懷─你的處世格局，暴露了你的眼界

■ 在某種程度上滿足對方的虛榮心

對於實在不是很了解事情真相的人，你也應該對他說：「你一定很了解吧！」也就是說，你能夠把他當作知道此事的人，也足以滿足他的虛榮心，讓他感到高興。每一個人都希望被認為是有知識、有教養的人，如果你不忘常用「你真有知識」、「你真有能力」、「你真有判斷力」等語言去滿足他這方面的需求，你就能很容易使他對你產生好感。

曾經有一位催眠專家表示，如果你想催眠一個有教養的人，最重要的祕訣是在事前不露痕跡地給他這樣的暗示 —— 知識水準愈高的人愈容易被催眠。

如果你對那些愛談論政治事務的人說：「像你這樣通曉國際形勢的人，一定對石油問題的發展情況瞭然於胸。」你就能很容易地博得他的好感。

■ 說出對方的優點

比如，男人希望被認為強壯，女人希望被認為漂亮。你只要好好掌握這個原則，並且製造機會稱讚他的強壯或者她的漂亮，那麼你也可以很容易滿足其虛榮心，讓其感到無比的高興。

那麼，對於根本不強壯、不漂亮的人，我們該怎麼辦呢？你可以對不漂亮的女人稱讚她「很有智慧」、「很善良」、「很善解人意」……，同樣，你也可以對不強壯的男人稱讚他「很有能

力」、「很有見解」、「很有個性」⋯⋯，總之，一定有辦法找到滿足對方虛榮心的讚美詞。

稱讚對方的成就

這是滿足對方虛榮心最好的方法，有些男人對自己事業的成功感到得意，有些女人對自己孩子優良的學業成績感到得意。聰明的你就應該注意他們這些得意處，好好利用機會加以稱讚。

懂得這些稱讚原則並且善加利用，一定會為你的生活帶來許多意想不到的好處。不過，你應當注意，絕不可以把它和「諂媚」、「奉承」等詞語相混淆。

心理學家表示，要防止你的稱讚淪為諂媚，最好的方法就是只稱讚他真正的成就，而且，你稱讚時的態度必須非常認真和誠懇。

眼界低的人來質疑你時，要把嘴閉上

當有人在不停地對你報以惡意的質疑時，你能做的，不是去爭辯，而是使盡力氣，用現實給對方一記響亮的巴掌。

有一次，一隻鼬鼠向獅子挑戰，要同他一決雌雄。獅子果斷地拒絕了。

Part 3
充分肯定別人，你就贏在了氣度和胸懷—你的處世格局，暴露了你的眼界

「怎麼，」鼬鼠說：「你害怕嗎？」

「非常害怕，」獅子說：「如果答應你，你就可以得到曾與獅子比武的殊榮；而我呢，以後所有的動物都會恥笑我竟和鼬鼠打架。」

獅子和鼬鼠打架的麻煩就在於，贏了，大家會覺得你一頭獅子打敗鼬鼠是天經地義的，沒啥了不起；輸了，大家會認為一頭獅子居然敗給了一隻鼬鼠，真是恥辱。同理，你如果與一個不是同一層次的人爭執不休，只會浪費自己的很多資源，降低人們對你的期望，並無意中提升了對方的層面，所以，不要和眼界不在一個層次的人爭論。

有位諮詢專家在進行一次大型演講時，臺下的一位聽眾對他的某些觀點並不認同，於是便針對諮詢專家所提出的某些論點加以發難。如果僅僅是就不同的觀點進行討論也就罷了，這位聽眾還說出了許多帶有侮辱性的話語，企圖能引發二人之間的舌戰。

可是，演講者在聽完那位聽眾帶有攻擊性的話語後，只是說了聲「OK」，便繼續進行演講，根本沒有理會對方的不敬之詞。這樣一來，那位聽眾自然是自討沒趣了。

當別人指責或攻擊我們時，很多人會打亂自己的計畫安排去應付那些無休止的指責。其實，聰明的人應當對那些無足輕重的事情無動於衷。因為我們所做的任何一件事，絕不可能令

所有的人都感到滿意。有些無事生非的人只是習慣性地找碴兒生事，如果你受他們的影響或分散精力去反擊，只會如同艾布拉姆斯（Creighton Abrams Jr.）將軍所說的：「別跟豬打架，不然到時弄得你一身泥，而它們卻樂得很呢！」

所以，當有人在不停地對你報以惡意的質疑時，你可以想想：他是否值得我去爭辯？結果通常是，還是算了，和眼界不一樣的人爭論只會拉低自己的層次，對這些人最好的回覆就是不回覆、不理睬、不解釋，因為實在沒必要。

要知道，成功者是沒有多少時間可以用來浪費的，你要在並不長的生命中到達成功的巔峰，就必須放棄或減少爭執、答辯和澄清；必須忍住不為小事所纏；必須具備很快分辨出什麼是無關事項的能力，然後立刻砍掉它。因為瑣事不但會占據你的空間，更重要的是會消磨你的意志。

Part 3
充分肯定別人,你就贏在了氣度和胸懷―你的處世格局,暴露了你的眼界

Part 4
野心是成功的特效藥
—— 有目標的人,做事的格局自然不同

Part 4
野心是成功的特效藥─有目標的人，做事的格局自然不同

野心是成功的特效藥

有一句話說得好：「眼睛所看著的地方，就是你會到達的地方。」一個人能走多遠，取決於他能想多遠；一個人成功程度的大小，取決於眼界的廣狹。

重量級拳王詹姆斯柯比特（James Corbett）有一回在做跑步運動時，看見一個人在河邊釣魚，一條接著一條，收穫頗豐。奇怪的是，柯比特注意到那個人釣到大魚就把它放回河裡，釣到小魚才裝進魚簍裡去。柯比特很好奇，他就走過去問那個釣魚的人為什麼要那麼做。釣魚翁答道：「老兄，你以為我喜歡這麼做嗎？我也是沒辦法呀！我只有一個小煎鍋，煎不下大魚啊！」

很多時候，我們有一番雄心壯志時，就習慣性地告訴自己：「算了吧，我只有一個小鍋，可煮不了大魚。」我們甚至會進一步找藉口來勸說自己：「更何況，如果這真是個好主意，別人一定早就想過了，我的胃口沒有那麼大，還是挑容易一點的事情做，別把自己累壞了。」

戴高樂（Charles de Gaulle）說：「眼睛所看著的地方，就是你會到達的地方，唯有偉大的人才能成就偉大的事，他們之所以偉大，是因為決心要做出偉大的事。」教田徑的老師會告訴你：「跳遠的時候，眼睛要看著遠處，你才會跳得更遠。」

目標能激發出令人難以置信的能力，改寫一個人的命運，想要把看不見的夢想變成看得見的事實，首先要做的事就是制定目標，這是人生中一切成功的基礎，目標會引導你的一切想法，而你的想法決定了你的人生。

設定目標有一個重要的原則，那就是它要有足夠的難度，乍看之下似乎不易達到，它又得對你有足夠的吸引力，你願意全心全意去完成，當我們有了這個目標時，再加上必然能夠實現的信念，那麼就成功了一半。

窮人最缺少的是什麼

法國富翁巴拉昂去世後，《科西嘉人報》刊登了他的一份特別遺囑：我曾是窮人，但當我去世走進天堂時，我卻是一個大富翁。在跨入天堂之門前，我不想把我的致富祕訣帶走。在法蘭西中央銀行，有我一個私人保險箱，那裡面藏有我的祕訣，而保險箱的三把鑰匙在我的律師和兩位代理人手中。誰若能透過回答「窮人最缺少的是什麼」而猜中我的祕訣，他將得到我的祝賀。當然，那時我已不可能從墓穴中伸出雙手為其睿智歡呼，但他可以從那個保險箱裡榮幸地拿走100萬法郎，那是我給予他的獎勵。

遺囑刊出後，《科西嘉人報》收到大量信件。絕大多數人認為，窮人最缺少的是金錢。窮人還能缺少什麼？當然是錢了。

Part 4
野心是成功的特效藥──有目標的人,做事的格局自然不同

還有一部分人認為,窮人最缺少的是機會,窮人最缺少的是技能,窮人最缺少的是幫助和關愛。總之,答案五花八門。

一年後,也就是巴拉昂逝世週年紀念日,律師和代理人按巴拉昂生前的交代,在公證部門的監督下開啟了那個保險箱。

在 48,561 封來信中,一位叫蒂勒的小姑娘猜對了巴拉昂的祕訣。蒂勒和巴拉昂都認為,窮人最缺的是野心,即成為富人的野心。

頒獎之日,主持人問 9 歲的蒂勒,為什麼想到野心,而不是其他。她說:「每次,我姐把她 11 歲的男友帶回家時,總是警告我『不要有野心!不要有野心!』我想,也許野心可以讓人得到自己想得到的東西。」

野心絕不是成就,但沒有野心,肯定不會有成就。

以一個可見的目標點燃激情,走向更廣闊的世界

窮人的思維是「我能做什麼」,富人的思維是「我想達到什麼樣的目標」。「能做」是現在的能力,如果你永遠只做能力範圍之內的事,你永遠無法突破;而「我想」首先突破自己的思維局限,目標高了,做事的格局就不同,成功的可能性也不同。

以一個可見的目標點燃激情，走向更廣闊的世界

你有自己的人生目標嗎？你有什麼要達成的心願嗎？你清楚自己人生的航向嗎？如果對這些問題你都沒有認真地想過，沒有清晰的人生目標，那你就像一艘沒有舵的船，只能隨波逐流、飄浮不定，到不了成功的彼岸。

研究證明，有一個明確的奮鬥目標是非常重要的。耶魯大學曾對畢業生進行了這麼一次有關人生目標的追蹤調查。

在開始的時候，研究人員向參與調查的學生們問了這樣一個問題：「Do you have goals?（你們有目標嗎？）」對於這個問題，只有10%的學生確認他們有目標。然後研究人員又問了學生們第二個問題：「If you have goals, do you have them written down?（如果你們有目標，那麼你們是否把自己的目標寫下來了呢？）」

這次，總共只有4%的學生回答是肯定的。20年後，當耶魯大學的研究人員在世界各地追訪當年參與調查的學生們的時候，他們發現，當年白紙黑字把自己的人生目標寫下來的那些人，無論從事業發展還是生活水準上，都遠遠超過了另外那些沒有這樣做的同齡人。不說別的，這4%的人所擁有的財富居然超過了餘下96%的人的總和！

看到這裡，你也許對這樣的結果感到很驚訝，但明確的目標對人獲得成功的推動力是毫無疑問的。很多人之所以沒能成功，並不是他們努力得不夠，而主要是因為他們沒有選定清晰

Part 4
野心是成功的特效藥─有目標的人，做事的格局自然不同

的目標。只有讓目標引導人生的人，才可以乘風破浪，直達成功的彼岸。

羅斯福總統的夫人埃莉諾在大學讀書時打算邊學習邊工作，她希望能在電訊行業找份工作，這樣就可以多學點兒東西。她的父親幫她聯繫到自己的一位老朋友，當時任美國無線電公司董事長的薩爾洛夫將軍。

薩爾洛夫熱情地接待了她，問她：「你想要什麼樣的工作？」埃莉諾想，任何工作我都喜歡，無所謂選不選了，便回答：「隨便哪份工作都行！」

將軍凝視著埃莉諾的眼睛，嚴肅地說：「年輕人，世上沒有一類工作叫『隨便』，成功的道路是由目標鋪成的！」這件事使埃莉諾意識到了明確目標的重要性。

成功的前提就是要有一個明確的目標，因為明確的奮鬥目標是對自己的一種鞭策，能讓人產生前進的動力，長遠的目標還會督促你努力朝一個固定的方向前進，而不會隨便被其他事情分散精力。

可能很多人會說，我們也都給自己設立了目標啊，可是總也實現不了。如果是這樣的話，那你需要重新衡量一下自己的目標，看看自己的目標是不是切實可行，是不是超出了自己的能力範圍。如果都不是的話，那就是我們覺得成功太遙遠，因為倦怠而放棄。其實，要達成目標也是需要一定技巧的。

以一個可見的目標點燃激情，走向更廣闊的世界

　　針對如何實現長期的目標，美國管理學家古特雷提出：每一處出口都是另一處的入口。上一個目標是下一個目標的基礎，下一個目標是上一個目標的延續，把你的長期目標化整為零，分成好幾個小目標，一小段一小段來實現。這樣，你從一開始就能看到成功的希望，就有走下去的動力，也就不會因終點太遙遠而倦怠。在這一點上，我們可以向下面那隻聰明的猴子學習學習。

　　古印度人有個捕捉猴子的妙法：在群猴經常出沒的原始森林裡，放上一張裝有抽屜的桌子，抽屜裡放一個蘋果或者桃子，然後將抽屜拉到猴子的手能插進去而蘋果或桃子拿不出來的程度，獵人就可遠離桌子靜靜地安心等待。每一次，獵人都能看到這麼一幅可愛的畫面：猴子將手伸進抽屜裡取桃，桃子卻怎麼也取不出來，而猴子又死活不肯放棄，於是，貪婪的猴子急得兩眼冒綠光，卻又一籌莫展。

　　這種古老的方法使很多猴子輕而易舉地成了獵人手到擒來的獵物。

　　有一天，一個獵人又用這個辦法準備擒捉一隻在附近活動了很久的猴子。

　　一會兒，那隻猴子終於探頭探腦地走到了桌子旁邊。它先將一隻手伸進抽屜裡取蘋果，但蘋果太大，抽屜縫又太小，任它怎麼努力也取不出來。於是猴子又將另一隻手也伸了進去。兩隻手臂飛快地在抽屜裡翻動。不一會兒，一個又大又圓的蘋

Part 4
野心是成功的特效藥─有目標的人,做事的格局自然不同

果被它用尖利的指甲摳成一堆蘋果碎塊,猴子扔掉果核,用手掏出抽屜裡的蘋果碎塊有滋有味地吃起來。吃完後,它心滿意足地揚長而去。

這隻聰明的猴子懂得化整為零,它因此成功地獲取了整個蘋果。目標雖大,但只要你將其一點點分解,一個個地實現,雖然每次得到的只是其中的一點點,但一次又一次的累積,終將使你實現那個長期遠大的目標。

現在,好好設定你的人生目標吧。一旦你確立了明確的目標並努力朝它前進,一個嶄新的世界就會呈現在你面前。新生活從確立目標開始!

心中有燈,走到哪兒都有光明

有了夢想,你才有了努力的方向,才能因夢想的引導一步步走向成功。心中倘若沒有了夢想,就像身處濃濃大霧中沒了指引,一片迷茫,試問你如何去找那通往成功的道路,那自然也就不能期待成功了。

在海邊的一個小漁村,住著老漁夫和他的兒子。漁夫的妻子早已離開了人世,只有父子二人相依為命,他們的生活雖然清苦,但也不乏快樂。

心中有燈，走到哪兒都有光明

父子二人晚上常常高掛桅燈，搖著一葉扁舟到海裡捕蟹。第二天再把捕到的蟹拿到集市上去賣。夜晚捕蟹是他們生活的希望，所以那滿艙的星光、滿懷的明月，是老漁夫夢中的希望之光。

可惜，老漁夫偏偏害上了眼疾，因為沒有及時治療，病情惡化，老漁夫漸漸看不清東西了，但是他不捨得兒子一個人出海，仍然每晚堅持陪伴兒子下海捕蟹。

有一個夜晚，漁夫父子正在捕蟹，突然陰雲亂滾，惡浪洶湧，猛烈的海風嘩啦一下拍碎了桅燈，他們頓時捲入了黑色的漩渦，覆舟在即。

「爸爸，我辨不出方向啦！」正在掌舵的兒子絕望地喊起來。老漁夫跟跟蹌蹌地從船艙裡摸出來，推開兒子，自己掌起了舵。他是那樣穩健，看不出有絲毫的驚慌和恐懼，就像一個與風浪對抗的勇士。

終於，小船劈開風浪，靠向燈火閃爍的碼頭。

「爸爸，您視力不好，怎麼還能準確地辨別出方向？」兒子不解地問。「我的心裡裝著盞燈呢。」老漁夫悠悠答道。

人生之路可能坎坷不平，可能要經歷黑暗，但你自己心中一定要有盞燈，要給自己一個成功的理由，一個成功的目標。只要你的心中有燈，那麼走到哪裡都是光明。

Part 4
野心是成功的特效藥—有目標的人,做事的格局自然不同

人生因夢想而高飛

2002年11月28日,是美國特有的節日——感恩節。在這個節日到來的前三天,芝加哥市一位名叫賽尼・史密斯的中年男子向當地法院遞交了一份訴狀,要求贖回自己去埃及旅行的權利。這樣的訴求在美國社會,應該說是十分普通。然而,不知是因為它涉及的內容不同一般,還是別的什麼原因。總之,該案在美國社會引起了軒然大波。

這起案子的案情十分簡單,它發生在40年前,當時賽尼・史密斯6歲,在威靈頓小學讀一年級。有一天,品行課老師瑪麗・安小姐讓他們各自說出一個自己的夢想。全班24名同學都非常踴躍,尤其是賽尼,他一口氣說出了兩個:一個是擁有自己的一頭小母牛;另一個是去埃及旅行一次。

當瑪麗・安小姐問到一個名叫傑米的男孩時,不知為什麼,他竟一下子沒了夢想。為了讓傑米也擁有一個自己的夢想,她建議傑米向同學購買一個。於是在瑪麗・安小姐的見證下,傑米用6美分向擁有兩個夢想的賽尼買了一個。由於賽尼當時太想擁有一頭自己的小母牛了,他就讓出了第二個夢想——去埃及旅行一次。

40年過去了,賽尼・史密斯已人到中年,並且在商界小有成就。40年來,他去過很多地方——瑞典、丹麥、希臘、沙烏地阿拉伯、中國、日本,然而,他從來沒有涉足過埃及。難道他沒想過去埃及嗎?想過。據他說,從他賣掉去埃及的夢想之

後，他就從來沒忘記過這個夢想。然而，作為一個虔誠的基督徒和一個誠信的商人，他不能去埃及，因為他把這一行為連同那個夢一起賣掉了。

2002年感恩節前夕，他和妻子打算到非洲旅行一次，在設計旅行線路時，妻子把埃及金字塔作為其中的一個觀光專案。賽尼‧史密斯再也忍不住了，他決定贖回那個夢想，因為他覺得只有那樣，他才能坦然地踏上那片土地。

賽尼‧史密斯能贖回那個夢想嗎？他沒能夠。因為經聯邦法院審定，那個夢想價值3,000萬美元，賽尼‧史密斯要想贖回去，就必須傾家蕩產。這個夢想的價值是怎麼判定的呢？我們從傑米的答辯狀中可以找到答案。

傑米在答辯中是這麼說的：在我接到史密斯先生的律師送達的副本時，我正在打點行裝，準備全家一起去埃及。這好像是我一口回絕史密斯先生要求贖回那個夢想的理由。其實，真正的理由不是我們正準備去埃及，而是這個夢想的價值。

現在各位都非常清楚，小時候我是個窮孩子，窮到以至於不敢有自己的夢想。然而，自從我在瑪麗小姐的鼓勵下，用6美分從史密斯先生那兒購買了一個夢想之後，我徹底地變了，變得富有了。我不再淘氣，不再散漫，不再浪費自己的光陰，我的學習有了很大的進步。我之所以能考上華盛頓大學，我想完全得益於這個夢想，因為我想去埃及。

我之所以能認識我美麗賢惠的妻子，我想也是得益於這個

Part 4
野心是成功的特效藥─有目標的人，做事的格局自然不同

夢想，她是一個對埃及文明著迷的人，如果我不是購買了那個夢想，我們絕不會在圖書館裡相遇，更不會有一段浪漫迷人的戀愛時光，也不會有現在像我們這樣幸福的一對。

我的兒子現在在史丹佛大學讀書，我想也是得益於這個夢想，因為從小我就告訴他，我有一個夢想，那就是去埃及，如果你能獲得好的成績，我就帶你去那個美麗的地方。我想他就是在埃及的召喚下，走入史丹佛大學的。

現在我在芝加哥擁有6家超市，總價值2,500萬元左右。我想如果我沒有那個去埃及旅行的夢想，我是絕不會擁有這些財富的。尊敬的法官和陪審團的各位女士們、先生們，我想假如這個夢想是屬於你們的，你們一定會認為這個夢已經融入了你們的生命之中，已經和你們的生活、你們的命運緊密相連、密不可分。你們一定會認為，這個夢想就是你們的無價之寶。

誰能想到，贖回一個被6美分賣掉的夢想，竟然要花上3,000萬美元。從這個故事中，我們也可以看到夢想的巨大力量。

夢想源於人類的想像，許多偉大的發明都是由想像而來的。想象是鮮活存在著的力量，是一種最奇妙活動著的力量，也是存在於宇宙之中最不可抗拒的力量。想象並不是抽象的東西，也不是不可捉摸、虛無縹緲的東西。人們享受的一切物質，都是工程師或建築師以他們頭腦中的構想為基礎來設計完成的。也就是說，人造的一切物體皆源於人類的想像力。

想象可以憑藉心靈的作用，使夢想變為現實。所以說，人生因夢想而高飛，我們每一個人都應該擁有自己的夢想。有了夢想，你才有了努力的方向，才能因夢想的引導一步步走向成功。心中倘若沒有了夢想，就像身處濃濃大霧中沒了指引，一片迷茫，試問你如何去找那條通往成功的道路，那自然也就不能期待成功了。

在路上，只要你儲存著自己的夢想、激情、活力，實踐著，努力著，相信每個人的眼界之路定會越走越寬，人生之路會越走越亮堂！

夢想比條件更重要

有句話說得好：心有多大，舞臺就有多大。你的夢想有多大，你的眼界就有多高。眼界高了，成就自然也不會太低。

三個工人在砌一堵牆。有人過來問他們：「你們在做什麼？」

第一個人沒好氣地說：「沒看見嗎？砌牆！」

第二個人抬頭笑了笑說：「我們在蓋一棟高樓。」

第三個人邊工作邊哼著小曲，他滿面笑容開心地說：「我們正在建設一座新城市。」

Part 4
野心是成功的特效藥—有目標的人，做事的格局自然不同

　　10年後，第一個人依然在砌牆；第二個人坐在辦公室裡畫圖紙──他成了工程師；第三個呢，是前兩個人的老闆。

　　有句話說得好：心有多大，舞臺就有多大。你的夢想有多大，你的眼界就有多高，眼界高了，成就自然也不會太低，就像上面砌牆的三個人，夢想最大的人，成就也最高。所以說，一個人要想生活幸福、事業成功，就必須有一個時刻激勵自己的夢想。只有存在著這樣一個夢想，你才能對自己有更美好的規劃，也才能更有信心地前進，去開拓。

　　每一個成功者在最初都有一個美好的夢想，正是這些夢想使他們勇往直前地朝自己的目標前進。你不要抱怨說我沒有好的條件，因為夢想比條件更重要。至少下面這個故事中的女生就不具備大家所認為的打籃球的條件，但她最終實現了自己的夢想。

　　有個女生每天都會在籃球場上苦練，有時一直練到天黑。問她為什麼練得這麼刻苦。她不假思索地說：「我想上大學。但爸爸說，他沒有能力供我上大學，唯一的辦法就是靠自己爭取獎學金。我喜歡打籃球，我要把籃球打好，有了這個特長，我就能申請獎學金。」

　　為了心中的這個夢想，從低年級到高年級，她矯健的身影每日都會出現在球場上。然而，有一天她卻雙臂抱膝，把頭埋在胸前坐在球場邊的草地上。她的媽媽關切地詢問她發生了什麼。

　　「沒什麼，」她輕聲地回答，「只是因為我個子太矮了。」教

練告訴她，任何一個大學籃球隊都不會錄用一個身高只有167公分的人。這樣，她希望透過籃球特長獲取獎學金的夢想就很難實現了。

她的媽媽接著問她：「有沒有和爸爸談過這件事情。」聽到這個問題，她抬起頭說：「爸爸認為，教練不懂得夢想的能量，如果我真的想獲得獎學金，就沒有什麼能阻止我，除非我自暴自棄。因為夢想比條件更重要。」

爸爸的話給了她力量。她將這句話時刻記在心底，以此來鼓勵自己。終於，在第二年的「加利福尼亞中學生籃球錦標賽」上，由於她在場上的出色表現，一所大學的籃球教練看中了她。她終於實現了自己的夢想，如願以償地獲得了獎學金，成了一名大學生。

現在，你相信夢想的力量了嗎？其實，只要你不向現實妥協，你就能夠實現自己的夢想。事實上，很多傑出的人物正是懷著自己的夢想，堅決不向現實妥協才有了後來的成功，例如德國總理施羅德（Gerhard Schroder）。由於施羅德身材矮小、出身低微，很多人都不看好他，《明鏡》週刊總編納倫曾經罵部下說，報導施羅德純粹是浪費，但施羅德自己堅定地說：「我想當總理，你們等著瞧吧！」最終施羅德成功地當上了總理。

德國前總理柯爾（Helmut Kohl）在17歲時也曾說過：「我有朝一日要當這個州的一把手！」不過他後來比這走的還要遠。所以，無論任何時候，請你記住 —— 夢想比條件更重要。

Part 4
野心是成功的特效藥─有目標的人，做事的格局自然不同

一個人圍著一件事轉，最後全世界可能都會圍著他轉

一個人圍著一件事轉，最後全世界可能都會圍著他轉；一個人圍著全世界轉，最後全世界可能都會拋棄他。

在南美洲的亞馬遜河邊，有一群羚羊在那兒悠然地吃著青青的長草。一隻獵豹隱藏在遠遠的草叢中，豎起耳朵四面旋轉。牠覺察到了羚羊群的存在，於是，悄悄地、慢慢地接近羊群。越來越近了，突然，羚羊有所察覺，開始四散逃跑。獵豹像百公尺運動員那樣，瞬時爆發，像箭一般地衝向羚羊群。牠的眼睛盯著一隻未成年的羚羊，一直向牠追去。

羚羊跑得飛快，但豹子跑得更快。在追與逃的過程中，獵豹超過了一隻又一隻站在旁邊觀望的羚羊。它沒有掉頭改追這些更近的獵物，而是一個勁兒地朝著那隻未成年的羚羊瘋狂地追去。那隻羚羊已經跑累了，豹子也累了，在累與累的較量中，最後只能比速度和耐力。終於，獵豹的前爪搭上了羚羊的屁股，羚羊倒下了，豹子朝著羚羊的脖子狠狠地咬了下去。

可以說，一切食肉動物在選擇追擊目標時，總是選擇那些老弱病殘，而且一旦選定目標，一般不會輕易放棄。因為中途轉向其他目標會使精力有所損耗，從而使其他的目標更難達到，最後的結果也必定是一無所獲。

人類在追逐目標的過程中，需要借鑑動物的這種智慧。既然選擇了一個目標，就不要讓這個目標輕易地失去。一旦你調整、確定了方向，就應該專注於一件事情。因為一個人的精力是有限的，真正贏家會把精、氣、神集中於一擊。

就像有人問愛迪生：「成功的第一要素是什麼？」愛迪生回答說：「能夠將你身體與心智的能量，鍥而不捨地運用在同一個問題上而不會厭倦的能力……，你整天都在做事不是嗎？每個人都是。假如你早上7點起床，晚上11點睡覺，你整整16個小時都在做事。對大多數人而言，他們肯定是一直在做一些事，唯一的問題是，他們做很多很多事，而我只做一件。」

如果一個人過於努力想把所有事情都做好，那他最終只會一事無成。要在有限的生命裡完成一流的事業，他就必須要有所選擇、有所堅持、有所放棄，集中全部精力專注地去做一件事。

訂書針是我們工作中很常用的辦公用具，然而，你有沒有想過，上百張紙疊在一起，連非常鋒利的刀也不容易一次性穿過，為什麼那短短細細，看起來一點也不堅硬的訂書針，居然能夠一下子穿透那厚厚的一疊紙？真正的原因，是由於訂書針把所有的力量都集中在了兩個點上，集中用力。

有很多看起來很聰明的人，他們忙忙碌碌，能夠同時做很多事情。他們給人感覺非常能幹，能力很強。可是往往到最

Part 4
野心是成功的特效藥─有目標的人，做事的格局自然不同

後，這些人並不能真正做成什麼事。反而，這世上有許多人，看起來很一般，也沒什麼特別出眾的才能，卻能成就偉大的事業。這都是因為他們能像訂書針一樣，認清目標，集中全力，不徬徨，不遲疑，奮鬥到底。

一個人圍著一件事轉，最後全世界可能都會圍著他轉；一個人圍著全世界轉，最後全世界可能都會拋棄他。淺嘗輒止、見異思遷是摘不到成功的果實的。當你選擇好屬於自己的一件事時，你應該全身心地投入到那一件事上，不輕易放棄也不輕易改變方向，只有這樣，你才能有所收穫。

Part 5
格局越大的人,越相信努力的意義
—— 眼界的高低不在於事情的大小,而在於執行力

Part 5
格局越大的人，越相信努力的意義──眼界的高低不在於事情的大小，而在於執行力

人生所有的機遇，都在你主動尋找的路上

人生充滿了各種機遇，而眼界和格局則是你能否抓住機遇的關鍵。格局大的人，敢於衝鋒且全力以赴，能抓住勝利的時機一鳴驚人；而格局小的人，選擇守株待兔般的等待幸運降臨，最後卻只能碌碌無為地度過一生。

機遇之神經常敲響你的大門，但人們可能不敢去開啟，因為他們開始猶豫，害怕敲門的不是天使，而是魔鬼。但正是在猶豫的一剎那，機遇之神溜走了。然後，人們又開始悔恨：為什麼自己沒有抓住機遇之神？這樣的情況我們每天都會耳聞目睹。眼界小的人在機會降臨的時候，因為沒有辨識機遇的眼光而猶豫不決，所以只能在機會轉瞬即逝之後又開始悔恨；見多識廣的人，一直在為尋找機遇全力以赴，所以才能在機會到來的瞬間就緊緊抓住。

一位探險家在森林中看見一位老農正坐在樹樁上抽菸斗，於是他上前打招呼說：「您好，您在這裡做什麼呢？」

這位老農回答：「有一次我正要砍樹，但就在這時風雨大作，颳倒了許多參天大樹，這省了我不少力氣。」

「您真幸運！」

「您可說對了，還有一次，暴風雨中的閃電把我準備焚燒的乾草給點著了。」

「真是奇蹟！現在您準備做什麼？」

「我正等待發生一場地震把馬鈴薯從地裡翻出來。」

這位老農是坐等機會者。他這樣坐等機會，也許偶爾有機會光顧他，但不會很多，所以他只能這樣辛苦地活著。而探險家則是主動尋找機會者，機會出現，就會一鳴驚人，成為響噹噹的成功者。

顯然，年輕人應該有探險家的精神。如果你失業，不要希望差事會自動上門，不要期待政府、工會打電話請你去上班，或期待解聘你的公司會請你吃回頭草，天下沒有這麼好的事情。

人們總是說：「如果給我一個機會……」或者「為什麼我的機會那麼少？」其實，有這種想法的人都很可憐。只要世界還在變，機會就無限。朋友，拋開顧慮，創造你的機遇吧！跨出第一步，闖進機遇的網路之中，任由機遇把你帶到遙遠的地方去，不要怕，因為機遇往往在無畏的人面前出現。

機會不會主動降臨

有一位名叫西爾維亞的美國女孩，她的父親是波士頓有名的整形外科醫生，母親在一所聲譽很高的大學擔任教授。她的家庭對她有很大的幫助，她完全有機會實現自己的理想。她從念中學的時候起，就一直夢想著要當上電視節目的主持人。她覺得自己具有這方面的才幹，因為每當她和別人相處時，即便

Part 5
格局越大的人，越相信努力的意義—眼界的高低不在於事情的大小，而在於執行力

是生人也都願意親近她並與她交談。她知道怎樣從人家嘴裡套出心理話。她的朋友們稱她是他們的「親密的隨身精神醫生」。她自己常說：「只要有人給我一次上電視的機會，我相信我一定能成功。」

但是，她為達到這個理想而做了些什麼呢？她什麼也沒做，而是在等待奇蹟出現，希望一下子就當上電視節目的主持人。

西爾維亞不切實際地期待著，結果什麼奇蹟也沒有出現。

誰也不會請一個毫無經驗的人去擔任電視節目主持人。而且，節目的主管也沒有興趣跑到外面去搜尋人，相反都是別人去找他們。

另一個名叫辛迪的女孩卻實現了西爾維亞的理想，成了著名的電視節目主持人。辛迪並沒有白白地等待機會出現。她不像西爾維亞那樣有可靠的經濟來源，所以白天去打工，晚上在大學的舞臺藝術系上夜校。畢業之後，她開始謀職，跑遍了洛杉磯的廣播電臺和電視臺。但是，每一個地方的經理對她的答覆都差不多：「沒有幾年經驗的人，我們不會僱用的。」

但是，她不願意退縮，也沒有等待機會，而是走出去尋找機會。她一連幾個月仔細閱讀廣播電視方面的雜誌，最後終於看到一則應徵廣告，北達科他州有一家很小的電視臺應徵一名預報天氣的女主持人。

辛迪是加州人，不喜歡北方。但是，有沒有陽光，是不是下雪都沒有關係，她只是希望找到一份和電視有關的職業，做

什麼都行！她抓住這個工作機會，動身前往北達科他州。

辛迪在那裡工作了兩年，最後在洛杉磯的電視臺找到了一份工作。又過了五年，她終於得到提升，成為她夢想已久的節目主持人。

西爾維亞那種失敗者的思路和辛迪的成功者的觀點正好背道而馳。她們的分歧點就在於，西爾維亞在 10 年當中，一直停留在幻想上，坐等機會，期望時來運轉，而辛迪則是採取行動。首先，她充實了自己；然後，在北達科他州受到了訓練；接著，在洛杉磯累積了比較多的經驗；最後，終於實現了理想。

失敗者談起別人獲得的成功總會憤憤不平地說：「人家有好的運氣。」他們不採取行動，總是等待著有一天會走運，他們把成功看作降臨在「幸運兒」頭上的偶然事情，而成功者都是勤奮的人，他們從來都不指望運氣的降臨，只是忙於解決問題，忙於把事情做好。

有句俗語是「命好不如運好，運好不如流年好」。某一天的一個機遇，就足以改變你一生，問題是，你有沒有捕獲這個機遇的眼光和能力？只有敢於衝鋒勇於尋找的人，在行動的過程中開啟自己的眼界，提升自己的格局，才能在機遇來臨時一把抓住。

Part 5
格局越大的人,越相信努力的意義——眼界的高低不在於事情的大小,而在於執行力

重要的是目標,
更重要的是你有沒有為目標付出努力

目標是人生的指南針,指引著人們前進的腳步,而努力就好比郵輪的燃料,沒有燃料的郵輪,即便方向再正確,也無法到達成功的彼岸。由此,渴望成功的人們應當在確立自己的目標後,調整自己的步伐,向成功衝刺。

每當歲末年初,我們開始回顧舊的一年,重新設定新一年的目標:

減肥五公斤;

考上公務員;

去駕訓班報名學開車;

……

為了減肥大業,你去健身房報了課程,可僅去了兩次就再也沒有後話了;為了國考,你買了一大堆的複習資料,可看了沒幾頁就扔在角落裡吃灰了;為了學開車,元旦一放假你就去報名了,可教練都安排筆試了,你連題庫是什麼樣子都還沒見過……

許多人表面上看起來終生工作勤奮,但在個人事業上成果甚微,這裡面的主要原因就是,他們沉溺於胡思亂想,總是做些沒有用的事,而不是牢牢掌握好方向,指引自己奔向既定的

目標。他們就像沒有舵的航船一樣,任憑命運的風吹向自己,在大海中毫無目標地飄蕩,最終迷失在旅途中。

說起目標,可能每個人都會說「我有呀」,但你真的有為目標付出切切實實地努力了嗎?沒有付諸努力的目標,就只是一個美好的願望,只有被努力追逐的目標,才能變現為成功。

以不懈的努力,射向目標

羅馬納・巴紐埃洛斯是一位年輕的墨西哥姑娘,十六歲就結婚了。在兩年中,她生了兩個兒子,不久後丈夫離家出走,羅馬納只好獨自支撐家庭。但是,她決心創造一種令她自己及兩個兒子感到體面和自豪的生活。

她拿一塊普通披巾包起全部財產,跨過裡格蘭德河,在德克薩斯州的艾爾帕索安頓下來,並在一家洗衣店工作,一天僅賺一美元,但她從沒忘記自己的夢想,即要在貧困的陰影中創造一種受人尊敬的生活。於是,口袋裡只有七美元的她,帶著兩個兒子乘坐公共汽車來到洛杉磯尋求更好的發展機會。

她開始做洗碗的工作,後來找到什麼工作就做什麼。拚命賺錢直到存了四百美元後,她便和她的阿姨共同買下一家擁有一臺烙玉米餅機的店。

她與阿姨共同製作的玉米餅非常成功,後來還開了幾家分店。直到最後,阿姨感覺工作太辛苦了,她就買下了阿姨的股份。

Part 5
格局越大的人,越相信努力的意義─眼界的高低不在於事情的大小,而在於執行力

不久,她經營的玉米餅店成為全美國最大的墨西哥食品批發商,擁有員工三百多人。

她和兩個兒子經濟上有了保障之後,這位勇敢的年輕婦女便將精力轉移到提高美籍墨西哥同胞的地位上。

「我們需要自己的銀行。」她想。但抱有悲觀態度的專家們告訴她,不要做這種事。

他們說:「美籍墨西哥人不能創辦自己的銀行,妳們沒有資格創辦一家銀行,同時永遠不會成功。」

「我行,而且一定要成功。」她平靜地回答。

她與夥伴們在一輛小拖車裡創辦起他們的銀行。可是,到社區銷售股票時遇到一個麻煩,人們對他們毫無信心,導致她向人們兜售股票時遭到拒絕。

他們問道:「妳怎麼可能辦得起銀行呢?我們已經努力了十幾年,總是失敗,妳知道嗎?墨西哥人不是銀行家呀!」

但是,她始終不肯放棄自己的夢想,經過不懈的努力,她和一些朋友在東洛杉磯建立了一家自己的銀行。這家銀行主要是為美籍墨西哥人居住的社區服務,銀行資產逐漸累積到兩千兩百多萬美元,這位年輕婦女也成為東洛杉磯的知名人士。

後來,她的簽名出現在無數枚的美國貨幣上,她成為美國第三十四任財政部長。

你能想象得到這一切嗎?一名默默無聞的墨西哥移民,卻

胸懷大志，後來竟成為世界上最大經濟實體的財政部長。

不言而喻，凡是成功者，必有堅定而明確的目標，隨後，他們以不懈的努力，為自己準備好足夠的燃料，將自己射向目標。

別以為放幾句嘴炮就顯示了你見識有多高

付諸行動比光知道怎麼做更重要！只要你積極地付諸行動，再困難的事，都有做到的可能；再遙遠的夢，都有實現的希望。

哥倫布發現了新大陸之後，皇室為他舉行了慶功宴。在宴會上，一位大臣不服氣地說：「任何一個人坐上船航行，都能到達大西洋的彼岸，有什麼稀奇，值得大家這樣大驚小怪！」有幾個大臣也附和著。

哥倫布在旁一言不發，朋友們都為他著急，埋怨他怎麼不辯解。過了一會兒，哥倫布叫僕役從廚房拿來了幾個熟雞蛋，請大家玩一個遊戲──將雞蛋豎立在桌上。許多人嘗試，卻沒有一位能將雞蛋豎立起來。

這時，只見哥倫布拿起一個蛋，對準蛋的一端朝桌面砸下去，蛋的一端破了，蛋也就穩穩地直立在桌上。

滿桌的王公大臣譁然，都認為這算哪門子遊戲，三歲小孩也

Part 5
格局越大的人，越相信努力的意義―眼界的高低不在於事情的大小，而在於執行力

會做。哥倫布聽後不疾不徐地說：「雖然是很簡單的遊戲，你們卻沒有一個會做，知道怎麼做之後，大家卻都說太簡單了！」

這些大臣無疑是打嘴炮的佼佼者了，生活中也確實存在這樣一種人，看到別人取得成功，就開始發表「如果是這樣，我也能做到」之類的馬後砲。但事實卻是，他們永遠都只是在空喊，卻從來沒有去付諸行動，即便他們已經知道應該怎麼做。別以為放幾句嘴炮就顯示了你見識有多高，反而嘴炮暴露了你的格局太小。還是那句老話，付諸行動比光知道怎麼做更重要！只要你積極地付諸行動，再困難的事，都有做到的可能；再遙遠的夢，都有實現的希望，就像下面故事中這個年輕的大學生最終實現了自己辦一所大學的心願。

有一位年輕的大學生，他在校讀書期間發現大學的教育制度存在著許多弊端。於是他向校長提出了一些消除弊端的建議，可是校長並沒有採納他的意見。但是這位年輕人並沒有放棄自己的這些想法。經過一段時間的思索，他在心中許下這樣的一個願望：自己辦一所大學，自己當校長來消除這些弊端。

辦學校至少需要100萬美元，一時間上哪兒去找這麼多錢呢？等畢業後靠自己的努力工作去賺取，那太遙遠了，他常常默不作聲地坐在那裡冥想苦思如何能擁有100萬美元。同學們都認為他有精神病，整天想著天上掉餡餅的事，但他並不理會這些，他堅信自己可以籌到這筆錢。

有一天，這個年輕人終於想到了一個辦法，他打電話到報社，說他明天要舉行一個演講，題目叫〈如果我有100萬美元怎麼辦〉，在報社的宣傳下，來聽演講的人很多，面對臺下諸多成功人士，他在臺上聲情並茂地說出了自己的構想，許多商界人士被他的精采演講吸引住了。

演講完畢，一個叫菲立晉・阿穆爾的商人站了起來，激動地對他說：「年輕人，你講得非常好。我決定贊助你100萬，你大膽地按照你說的去辦吧。」

就這樣，年輕人用這筆錢創辦了阿穆爾技術學院，也就是現在著名的伊利諾理工學院的前身。而這個年輕人就是後來深受人們愛戴的哲學家和教育家岡薩雷斯。

想法人人都有，但大多數人總是想想就算了。如果你光說、光想卻不去做，那永遠是原地踏步，根本到不了成功的彼岸。要知道，再長的路，一步步也能走完；再短的路，不邁開雙腳也無法到達。

格局越大的人，越相信努力的意義

有一句經典話語是：「天下沒有白吃的午餐。」這句話道出了人世間的許多真義，大凡那些等待天上掉餡餅的人，眼界都

Part 5
格局越大的人，越相信努力的意義─眼界的高低不在於事情的大小，而在於執行力

不高，而真正有大格局的人，都摒棄了坐享其成的念頭，積極努力去創造人生的事業和成功。

從前有一個幫人殺牛的屠夫，不但技術高超、工作認真，而且為人忠厚老實，長相也相當俊俏，沒有任何不良嗜好，是人人稱讚的優秀青年。然而，由於他家徒四壁，又有個常年臥病在床的老母親，屠夫到了成家的年齡，卻沒有哪家的姑娘願意嫁給他，大家都替他著急，紛紛給他說親。

一天，有個稀客來找屠夫的主人，說是要給屠夫提親，對方是縣太爺的千金，主人聽了驚喜萬分，當即把屠夫叫來。

「我身體有殘疾，恐怕配不上縣太爺的千金。」屠夫面無高興之色。

「你根本沒啥殘疾呀！」主人感到甚是奇怪，可又問不出個所以然來，只好請來人轉告縣太爺，回絕了這門親事，鄰居聽說這件事後，都覺得不能理解，為屠夫感到可惜，都說屠夫不知好歹。

「你們以為這樣的好機會，我願意放棄啊？當然是有原因的呀！」屠夫一臉無奈。

「到底是什麼原因呢？」有好事者追根究柢。

「他的女兒肯定醜得沒人敢要。」屠夫答道。

「你又沒見過，何以曉得？」有人問。

「依我多年殺牛的經驗！每天我一拿到牛肉，就會分出哪些

是上等牛肉,哪些是次等牛肉,哪些是下等牛肉,而上等牛肉往往早就有人預定了,最後只剩下那些次等牛肉和下等牛肉沒人要,只好賤賣,甚至在每天收攤時要白送給別人,不然只有丟掉。所以我推測縣太爺的千金一定是長得奇醜無比,不然的話,這樣的好事怎麼會輪到我這樣一個屠夫呢?」眾人感到有理,無不佩服屠夫的眼光。

真的應該為屠夫叫好,為他沒有落入縣太爺的圈套而慶幸。天下沒有白吃的午餐,在每個人事業發展的道路上也遍布這樣的陷阱,因而要摒棄坐等白吃午餐的觀念和想法,須知這樣做的結果只會讓自己付出慘痛的代價,最終導致一無所獲。

格局越大,越相信努力的意義

成功來自積極的努力,它從不主動送上門。有些人以為只要想想機會就會降臨,這是典型的「窮人」思維,而這種思維的結果是很糟糕的。

一位成功者,在取得成功的過程中,他一定付出了艱苦的奮鬥,一定經過了無數次的失敗。

牛頓是世界一流的科學家,當有人問他到底是透過什麼方法得到那些非同一般的發現時,他誠實地回答說:「總是思考著它們。」還有一次,牛頓這樣表述他的研究方法:「我總是把研究的課題置於心頭反覆思考,慢慢地,起初的點點星光終於

Part 5
格局越大的人,越相信努力的意義—眼界的高低不在於事情的大小,而在於執行力

一點一點地變成了陽光一片。」正如其他有成就的人一樣,牛頓也是靠勤奮、專心致志和持之以恆才取得巨大成就的,他的盛名也是這樣得來的。放下手頭的這一課題而從事另一課題的研究,這就是他的娛樂和休息。牛頓曾說過:「如果說我對公眾有什麼貢獻的話,這要歸功於勤奮和善於思考。」另一位偉大的科學家克卜勒(Johannes Kepler)也這樣說過:「只有對所學的東西善於思考才能逐步深入,對自己所研究的課題總是追根究柢,想出個所以然來。」

英國物理學家及化學家道爾頓(John Dalton)不承認自己是什麼天才,他認為他所取得的一切成就都是靠勤奮點滴累積而成的;約翰·亨特(John Hunter)曾自我評論說:「我的心靈就像一個蜂巢一樣,看起來是一片混亂,雜亂無章,到處充滿嗡嗡之聲,實際上一切都整齊有序,每一點食物都是透過勞動,在大自然中精心選擇的。」

格局越大的人,越相信努力的意義。所以我們一定要為了成功,積極地努力,一旦養成了不畏勞苦、勇於打拚、鍥而不捨的品格,無論我們做什麼事,都能在競爭中立於不敗之地。

光靠空談，如何過上想要的生活

不著邊際的空談抵不過一步實在的行動，行動時的經歷會教會你很多事，這是空談給不了的。

許多人習慣於耍嘴皮子功夫，遇事總是說說而已，而毫無行動，這種人最終會渾渾噩噩、一事無成。曾有人這樣計算，人生如果以70年壽命來算，除去少不更事和老不方便的10年，也不過兩萬餘天，再除去睡眠占用的四分之一到三分之一的時間，剩下的真可謂是「一寸光陰一寸金」。所以，還是把那些有意義的事趕緊列出來，趕快去做，而不是停留在嘴皮子上。

有一部作品名為《小領袖》，裡面描寫了一個凡事都遲疑不決的人，他嘴裡一直唸叨著非要把那棵阻礙交通的樹砍掉不可，但一直沒有動手去砍，任憑那棵樹漸漸長大。直到他鬍髮斑白時，那株大樹依然屹立在那兒。最後他說：「我已經老了，應該去找一把斧頭來！」

眼界越寬、格局越大的人越懂得，世上任何事情，如果不下決心去做，就永遠沒有成功的希望，想要獲得成功，就必須打定主意專心致志地去做。

斯通作為銷售執行委員會的七個執行委員之一，曾走訪了亞洲和太平洋地區。在一個星期二的上午，斯通給某市的推銷人員做了一次勵志性談話。當天晚上，斯通接到一個電話，是

Part 5
格局越大的人,越相信努力的意義─眼界的高低不在於事情的大小,而在於執行力

一家金屬櫃公司的業務員伊斯特打來的。

伊斯特十分激動地說:「我記住了你給我們的自律警句 ── 不要空談,想到就做!我就去看我的卡片紀錄,分析了 10 筆死帳。我準備提前兌現這些帳,這在之前可能是一件相當棘手的事,我重複了『想做就做』這句話好幾次,並用積極的心態去訪問這 10 個客戶,結果,我做了筆大買賣!」

你或許也懂得「想做就做」的道理,但你可能沒有把這個原則運用到自己的處世中去。世上有多少人,都在埋怨自己時運不濟,為什麼人家會成功,自己卻一點著落也沒有,其實,他們不知道造成失敗的主要原因是自己,他們的一生也許毫無過錯,只因本身的懦弱無能,陷於空談之中,他們既沒有堅強的意志,也沒有持久的耐心,更沒有敢作敢為的決斷力。若想開啟眼界,提升人生格局,應當尋求一個適當的目標,打定主意、摒棄空談,持續不斷地努力,實踐才能出真知,行動時的經歷是開啟眼界的基石。

成功在於行動

英國前首相班傑明・迪斯雷利(Benjamin Disraeli)曾指出,雖然行動不一定能帶來令人滿意的結果,但不採取行動就絕對沒有滿意的結果。

因此,如果你想取得成功,就必須從行動開始。

然而，每天不知會有多少人把自己辛苦得來的新構想取消，因為他們不敢執行，過了一段時間，這些構想又會回來折磨他們。

記住：切實執行你的創意，以便發揮它的價值，不管創意有多好，除非真正身體力行，否則永遠沒有收穫。

天下最可悲的一句話就是：我當時真應該那麼做，但我沒有那麼做。經常會聽到有人抱怨：「如果我當年就按照那種想法做生意，早就發財了！」一個好創意胎死腹中，真的會令人嘆息不已，永遠不能忘懷，如果真的徹底施行，當然有可能帶來收穫。

你現在已經想到一個好創意了嗎？如果有，馬上行動。

你一定要制定一個人生大目標，並認真制定各個時期的小目標。如果你不行動，你就會像這個人：

他一直想到中國北京旅遊，於是設計了一個旅行計畫，他花了幾個月的時間閱讀能找到的各種資訊，如關於北京的藝術、歷史、哲學、文化的書籍，他研究了北京地圖，訂了飛機票，並制定了詳細的行程表。他標出要去觀光的每一個景點，甚至每個小時去哪裡都計劃好了。

有個朋友知道他對這次旅遊的安排，到他家做客時問道：「北京怎麼樣？」

這個人回答說：「我想，北京是不錯的，可我沒去。」

Part 5
格局越大的人，越相信努力的意義─眼界的高低不在於事情的大小，而在於執行力

朋友驚訝地問道：「什麼？你花了那麼多時間做準備，竟然沒去，為什麼呢？」

「我是喜歡製定旅行計畫，但我不願坐飛機，所以待在家裡沒去。」

苦思冥想，謀劃如何有所成就，但都無法代替身體力行的實踐。如果不採取行動，只是在做白日夢而已。

你的問題關鍵在於藉口太多，執行力太弱

格局大的人總在做事，格局小的人總在許願，一個人如果認真考慮過他所負擔的責任，那麼可以令人信服地說，他會立即採取行動，個人的行動是我們唯一有能力支配的東西，千萬別讓自己的執行力在藉口中擱淺。

人生的時間是有限的，我們應該時刻為成功做準備。但有的人從小養成了拖沓的習慣，並常常用一些漂亮的言辭來掩蓋，說什麼「我正在分析」，可是數個月過去了，他們還在分析而沒有絲毫執行的跡象，他們沒有意識到，他們正在受到某種被稱為「分析麻痺症」的病毒的侵蝕，這樣只會使他們越陷越深，永遠也不能實現自己的夢想；另外一種人愛以「我正在準備」做掩護，一個月過去了，他們仍然在準備，好幾個月過去

了，他們還沒有準備充分，他們沒有意識到這樣一個嚴重的問題，他們正在受到某種被稱為「藉口」的缺點所侵蝕，他們不斷為自己製造藉口。

有一首現代詩是這樣寫的：他在月亮下睡覺，他在太陽下取暖，他總是說要去做什麼，但什麼也沒做就死了。

這就像當我們還是一個小孩時我們對自己說，當我成為一個大人的時候，我會做這做那，我會很快樂；等我們讀完大學之後，我們又說，等我找到第一份工作的時候，我會做這做那，我會很快樂；當我們找到第一份工作之後，我們又會說，當我結婚的時候……，然而，當我們退休的時候，真正步入了我們的晚年，我們看到了什麼？我們看到了時間已經從我們的眼前溜走了！

什麼時候了？我們在哪裡？對這個問題的回答是：時間是現在，我們在這裡。讓我們充分利用此時此刻，這句話的意思並不是說我們不需要計劃未來，相反的，這正意味著我們需要計劃未來，迅速的執行力本身就足夠開拓出全新的局面，如果我們最大限度地利用此時此刻，立即行動，我們就是在播種未來的種子，在將來開花結果。

生活中最可悲、最無用的話語莫過於「它本來可以這樣的」、「我本來應該」、「我本來能夠」、「如果當時我……該多好」。生命不會重來一次，更沒有那麼多的「應該」和「如果」。

Part 5
格局越大的人,越相信努力的意義—眼界的高低不在於事情的大小,而在於執行力

在原地想好一切再去做,也有可能不是考慮周全,而是不夠大氣開闊,雖然研究、準備是必要的,但總也走不出這種狀態和過程是不對的,許多機會稍縱即逝,時勢也總在發生變化,生活不會靜靜地等待著你準備得十全十美、完全到位。研究、準備下去,永遠不去執行,到頭來,除了一頭白髮之外,我們還有什麼呢?

執行,不找藉口

在美國西點軍校,軍官向學員下達指令時,學員必須重複一遍軍官的指令,然後軍官問道:「有什麼問題嗎?」學員通常的回答只能是:「沒有,長官。」學員的回答就是做出承諾,就是接受了軍官賦予的責任和使命,就連站軍姿、行軍禮等千篇一律的訓練,都無一不是在培養學員的意志力、責任心和自制力。在這樣的訓練中,西點軍校的文化慢慢滲透到了每一個學員的思想深處,它無時無刻不在激勵著你,讓你總是具有飽滿的熱情和旺盛的鬥志。

喜歡足球的朋友都知道,德國國家足球隊向來以作風頑強著稱,因而在世界賽場上成績斐然,德國足球成功的因素有很多,但有一點很重要,那就是德國隊隊員在貫徹教練的意圖、完成自己位置所擔負的任務方面執行得非常徹底,即使在比分落後或全隊困難時也一如既往,沒有任何藉口。你可以說他們

死板、機械,也可以說他們沒有創造力,不懂足球藝術,但成績說明一切,至少在這一點上,作為足球運動員,他們是優秀的,因為他們身上流淌著貫徹指令的特質,無論是足球隊還是個人,如果沒有完美的執行力,就算有再多的創造力也無法創造出好成績。

巴頓(George Patton, Jr.)將軍在他的戰爭回憶錄《我所知道的戰爭》(War as I Knew it)中描寫了這樣一個細節:

「我要提拔人時常常把所有的候選人排到一起,給他們提一個我想要他們解決的問題,我說『小子們,我要在倉庫後面挖一條戰壕,2.5公尺長、1公尺寬、2公尺深』我就告訴他們那麼多,我有一個有窗戶或有大節孔的倉庫,候選人正在檢查工具時,我走進倉庫,透過窗戶或節孔觀察他們,我看到小子們把鍬和鎬都放到倉庫後面的地上,他們休息幾分鐘後開始議論,我為什麼要他們挖這麼淺的戰壕?他們有的說6英寸深還不夠當火炮掩體,還有人說這樣的戰壕太熱或太冷,如果小子們是軍官,他們會抱怨他們不該做挖戰壕這麼普通的體力勞動。最後,有個人對別人下命令『讓我們把戰壕挖好後離開這裡吧,那個老畜生想用戰壕做什麼都沒關係』。」

最後,巴頓寫道:「那個人得到了提拔,我必須挑選不找任何藉口完成任務的人。」

對我們而言,無論做什麼事情,都要記住自己的使命,用

Part 5
格局越大的人,越相信努力的意義——眼界的高低不在於事情的大小,而在於執行力

行動來證明自己的能力,特別是夢想創造財富的年輕人,更應當注意執行高於一切空談,因為空談只會讓財富離你而去。朋友記住,不要用任何藉口來為自己開脫或搪塞,完美的執行是不需要任何藉口的。

拖延症晚期的你,只有靠這種方法才能救自己

當你將自己囚禁在了遇到稍微有困難的事情,就無節制地往後拖延的牢籠中,那麼你已經朝平庸邁進了一大步,拖延不僅不能讓你守時,也讓自己的眼界和格局停留在了此時此刻的高度。

守時不僅僅是遵守與他人約定的時間,也是遵守你與自己約定的時間。如果你錯過了與他人約定的時間,那麼你失去的也許僅僅是信任;但如果你連與自己約定的時間都錯過了,那麼你失去的不僅僅是時間,可能是人生的方向,可能是命運賜給你的良機。

拿破崙說,他之所以能打敗奧地利人,是因為奧地利人不懂得五分鐘的價值,但在滑鐵盧一戰中,拿破崙的失敗也與他沒有把握好時間有關。在當今的商業社會中,迅捷和準時同樣

重要。

　　許多渾渾噩噩、一事無成的人,都是因為沒有把握好最關鍵的五分鐘。失敗者的墓碑上,字裡行間都充滿了這樣的警示:「太晚了!」往往就在幾分鐘之間,勝利就會溜走,成功也會與你擦肩而過。所以,我們說恪守時間是工作的靈魂所在,同時也代表了明智與信用。

　　商業界的人士都懂得,商業活動中某些重大時刻往往會決定以後幾年的業務發展狀況,如果你到銀行晚了幾個小時,票據就可能被拒收,而你借貸的信用就會蕩然無存。守時,還代表了彬彬有禮、溫文爾雅的風範,有些人總是手忙腳亂地完成工作,他們總是急匆匆的樣子,留給你的印象是他們好像總是在趕一輛馬上就要啟動的火車,他們沒有掌握適當的做事方法,所以很難有大的成就。

　　總之,每個人都應該有一塊錶可以隨時看時間,你如果事事習慣「差不多」是個壞毛病,從長遠來看更是得不償失。

　　一位青年跟應徵公司約好了面試時間,但到了那天,他卻未能準時赴約,直到20分鐘後,這位青年才匆匆趕到,公司的部門經理問他遲到的原因,他理直氣壯地說:「遲到20分鐘,也沒什麼關係吧!」部門經理很嚴肅地對他說:「能否準時赴約是一件極為重要的事情。由於你不能準時出席,你已經失去了初試的機會。而且,你也沒有權利看輕我的時間,認為讓我等

Part 5
格局越大的人,越相信努力的意義─眼界的高低不在於事情的大小,而在於執行力

20 分鐘是不要緊的,因為我還有很多事要忙!」

這個青年聽後深受震動,從此養成了守時的習慣,最終取得了成功。

戒掉拖延

還有四天就要到交年度總結報告的最後期限了。你坐在辦公室裡,手指靈活地在鍵盤上敲打,電腦螢幕上一個商務風格的 PPT 出現了「年度工作總結」幾個大字,然後,你覺得思緒有點兒亂,需要理一理頭緒,而且還有時間,不如先把那些簡單的工作做完,於是你關掉了 PPT,忙起了其他事。不知不覺就到了下班時間,你收拾收拾東西就走了,至於報告,不是還有三天時間嘛,你心裡這樣想著。

相信類似的情景,也肯定在你身上發生過,學生拖作業,員工拖工作……,「拖」在現代生活中屢見不鮮,成了一種病。

有人給「拖延」下的定義是:把不愉快或成為負擔的事情推遲到以後在做,特別是習慣這樣做。

拖延症最典型的特徵:只想不做、懶散、執行力差、缺乏幹勁……有拖延症的人花許多時間思考要做的事,擔心這個,擔心那個,找藉口推遲行動,又為沒有完成任務而悔恨。

當你將自己囚禁在了稍微有困難的事情,就無節制地往後拖延的牢籠中,那麼你已經朝平庸邁進了一大步,也讓自己的

眼界和格局停留在了此時此刻的高度，如果你想讓自己的人生更進一步，就必須戒掉拖延這種「病」。

接下來，我們介紹幾個有效對付拖延症的方法：

■ 確定一項工作是否非做不可

有時候，我們感覺到一項工作不重要，於是做起來就拖拖拉拉，如果這項工作真的不重要，就把它取消，而不是拖延後又後悔，有效分配時間的重要方法，是把可有可無的工作取消掉，而不是拖拖拉拉地去做。

■ 把工作委託給其他人

有時候，工作是能完成的，但是你不喜歡做，你不願意做，或許這些原因與你的個性、專長有關，這時，如果你把工作委託給一個更適合、更樂意做的人，你和他都會是贏家。

■ 弄清楚有什麼好處，然後行動起來

我們往往因為看不到完成一項任務有什麼好處而拖拖拉拉，也就是說，我們做這項任務時付出的代價似乎高於做完工作後得到的報酬。應付這個問題的最佳辦法是：從你的目標與理想的角度分析這項工作，如果你有個重大目標，那你是比較容易拿出幹勁，去完成有助於你達到目標的工作的。

Part 5
格局越大的人，越相信努力的意義─眼界的高低不在於事情的大小，而在於執行力

■ 養成好習慣

養成拖延習慣的人，要完成一項任務的一切理由都不足以使他們放棄這個消極的工作模式。如果你有這個毛病，你就要重新訓練自己，用好習慣來取代這個壞習慣。每當你發現自己有拖延的傾向時，靜下心來想一想，確定你的行動方向，然後再自我提醒：我最快能在什麼時候完成這個任務？定出一個最後期限，然後努力遵守。漸漸地，你的工作模式就會發生變化。

直接對準目標，馬上行動

任何規劃和藍圖都不能保證你的成功，很多人之所以能取得成功，不是事先規劃好的，而是在有了想法後立即將其付諸行動，然後在一步一步地行動中不斷調整從而取得成功的。

安東尼・吉娜是目前美國紐約百老匯中最年輕、最負盛名的演員之一，她曾在美國著名的脫口秀節目《快樂說》中講述了她的成功之路。

幾年前，吉娜是大學裡藝術團的歌劇演員，那時她就向人們展示了一個璀璨的夢想：大學畢業後先去歐洲旅遊一年，然後要在百老匯成為一位優秀的演員。

第二天，吉娜的心理學老師找到她，尖銳地問了一句：「你

旅遊結束後去百老匯跟畢業後就去有什麼差別？」吉娜仔細一想：「是呀，赴歐旅遊並不能幫我爭取到百老匯的工作機會。」於是，吉娜決定一年以後就去百老匯闖蕩。

這時，老師又冷不丁地問她：「你現在去跟一年以後去有什麼區別？」吉娜有些暈眩了，想想那個金碧輝煌的舞臺和那雙在睡夢中縈繞不絕的紅舞鞋，她情不自禁地說：「好，給我一個星期的時間準備一下，我就出發。」老師卻步步緊逼：「所有的生活用品在百老匯都能買到，為什麼非要等到下星期動身呢？」

聽到這裡，吉娜下定決心說：「好，我明天就去。」老師讚許地點點頭，說：「我馬上幫你訂明天的機票。」

第二天，吉娜就飛到全世界最著名的藝術殿堂——紐約百老匯。當時，百老匯的製片人正在醞釀一部經典劇目，幾百名各國演員前去應徵主角。按照當時的應徵步驟是先挑選出十來個候選人，然後讓他們按劇本的要求表演一段主角的唸白，這意味著要經過百裡挑一的艱苦角逐。

吉娜到了紐約後，並沒有急於去美髮店漂染頭髮以及購買漂亮的服裝，而是費盡周折從一個化妝師手裡拿到了將要排練的劇本，在這之後的兩天中，吉娜閉門苦讀、悄悄演練。初試那天，當其他應徵者都按常規介紹著自己的表演經歷時，吉娜卻要求現場表演那個劇目的對白，最終她以充足的準備出奇制勝。

Part 5
格局越大的人,越相信努力的意義—眼界的高低不在於事情的大小,而在於執行力

就這樣,吉姍來到紐約的第三天,就順利地進入了百老匯,穿上了她演藝生涯中的第一雙紅舞鞋。

每個人都把理想當作太陽,不同的是,有人企望沐浴著溫暖悠閒地前進,有人卻勇於立刻踏進遙望理想的冰流,在逆境中前行。而開啟夢想之門的鑰匙常常就藏匿在激流暗湧中。想到了就要立刻去做,如果你耽於瞻望和等待,理想就永遠是一輪止於仰望的太陽。太多的顧慮必然會讓原有的計畫拖延、耽誤,最後得到的是失敗的計畫和落空的夢想。

1973 年,美國一個名叫科萊特的青年考入了美國哈佛大學。常和他坐在一起聽課的是一位 18 歲的年輕人。大學二年級那年,這位小夥子和科萊特商議,一起退學,去開發 32Bit(4 位元組)會計軟體,因為新編教科書中,已解決了進位制路徑轉換的問題。

當時,科萊特感到非常驚訝,因為他來這是求學的,而不是來鬧著玩的,再說對 Bit 系統,默爾斯博士才教了點皮毛,想要開發 32Bit 會計軟體,不學完大學的全部課程是不可能的,他委婉地拒絕了那位小夥子的邀請。

10 年後,科萊特成為哈佛大學電腦系的博士研究生;那位退學的年輕人也是在這一年進入美國《富比士》雜誌億萬富豪排行榜。

1992 年,科萊特拿到了博士學位;那位年輕人的個人資產,

在這一年則僅次於華爾街大亨巴菲特（Warren Buffett），達到65億美元，成為美國第二富豪。

1995年，科萊特認為自己已具備了足夠的學識，可以研究和開發32Bit會計軟體了；而那位小夥子則已繞過Bit系統，開發出Eip（企業入口網站）會計軟體，它比Bit快1,500倍，並且在兩週內占領了全球市場，這一年這位小夥子成了世界首富，一個代表著成功和財富的名字──比爾蓋茲（Bill Gates）也隨之傳遍全球的每一個角落。

比爾蓋茲哈佛沒畢業就去創業了，假如等到他學完所有知識再去創辦微軟公司，他還會成為世界首富嗎？

在這個世界上，有許多人雖然也有夢想卻常常顧及這個，擔心那個，沒有及時地行動。他們總是在等待，等待萬事俱備，等待時機成熟。可是他們不知道的是，有多少關於愛情、事業的遺憾都是因為人們想要尋求萬事俱備的條件所導致的。

父母不同意怎麼辦？纏身的債務怎麼辦？沒有經驗怎麼辦？資金不足怎麼辦？家人不支持怎麼辦？……他們老想著前面的困難有多少，可事實是，越是猶豫不決，困難看起來越是比實際的多。

等到萬事俱備再做，固然可以避免很多損失，但必須付出許多代價──成功的機會、時間、精力和熱情。而對於一個優柔寡斷的人來說，萬事俱備恐怕還是不夠的，他可能還要繼續

Part 5
格局越大的人,越相信努力的意義—眼界的高低不在於事情的大小,而在於執行力

尋求「東風」這個最後的完備條件,最後他只能在等待中一事無成。

很多時候,你若立即行動起來就會驚訝地發現,如果拿浪費在「萬事俱備」上的時間和精力去處理遇到的事情,往往綽綽有餘,任何規劃和藍圖都不能保證你的成功,很多人之所以能取得成功,不是事先規劃好,而是在有了想法後立即將其付諸行動,然後在一步一步的行動中不斷調整從而取得成功的。

聰明人雷厲風行,糊塗蛋拖拖拉拉。在這個世界上,93％的人都因拖延、懶惰而一事無成。如果你不儘早去做某事,那你就會迫於形勢而去做某事,所以,不要等到萬事俱備才著手去做,沒有條件可以創造條件,想到了就要做,而且要立刻做,沒有行動,再好的計畫也是白日夢。

我們可以看到,許多人的成功都是在條件根本不具備的情況下,邁出了創業的步伐,因為一切的不足,都會隨著時間的推移而逐漸具備,而一個「等」字,只能白了少年頭。

現在,一旦你覺得某個目標值得一試,那就果斷地開始著手,不要優柔寡斷,暫且不要為那些困難而心存顧慮,顧忌太多,只會放不開手腳,就像行走於漫漫長路,前面的路有多漫長暫且不要管它,其中有多少坎坷也暫且不要管他,只管一步一步走下去,逢山開路,遇水架橋,一定能開闢出一片新天地。

Part 6
別讓你的焦慮，拖累你的人生
—— 真正有眼界的人，從來不會輸給情緒

Part 6
別讓你的焦慮，拖累你的人生─真正有眼界的人，從來不會輸給情緒

沒人阻止你出人頭地，人往往敗給了恐懼

「約拿情結」（Jonah complex）是美國著名心理學家馬斯洛（Abraham Maslow）提出的一個心理學名詞，高度概括了某種人的狀態，既渴望成功又害怕面對成功的矛盾心理，一直在積極與消極的兩端徘徊。其實，這種心理迷茫狀態來源於內心深處的恐懼感，而這種深層的恐懼心理，也是這種人最嚴重的致命傷。

約拿是《聖經》中的人物。據說，上帝要約拿到尼尼微城去傳話，這本是一種崇高的使命和很高的榮譽，也是約拿平素所嚮往的。然而，一旦理想成為現實，他又感到一種畏懼，覺得自己不行，想迴避即將到來的成功，想推卻突然降臨的榮譽。這種成功面前的畏懼心理，心理學家們稱之為「約拿情結」。

約拿情結是一種普遍的心理現象，我們既想要取得成功，但成功以後，又總是伴隨著一種心理迷茫；我們既自信，同時又自卑；我們既對傑出人物感到敬仰，但又總是心懷一種敵意；我們敬佩最終取得成功的人，但對成功者又有一種不安、焦慮、慌亂和嫉妒；我們既害怕自己最低的可能性，又害怕自己最高的可能性。

說到底，「約拿情結」是一種內心深層次的恐懼感。這種恐懼感往往會破壞一個人能力的正常發揮。

恐懼使創新精神陷於麻木；恐懼毀滅自信，導致優柔寡斷；恐懼使我們動搖，不敢動手做任何事情；恐懼還使我們懷疑和猶豫，恐懼是能力上的一個大漏洞。事實上，有許多人把他們一半以上的寶貴精力浪費在毫無益處的恐懼和焦慮上面了。

恐懼雖然阻礙著人們力量的發揮和生活品質的提高，但它並非不可戰勝。只要人們能夠積極地行動起來，在行動中有意識地糾正自己的恐懼心理，那它就不會再成為我們的威脅。

跨越恐懼的藩籬

勇敢的思想和堅定的信念是治療恐懼的天然藥物，勇敢和信心能夠中和恐懼，如同化學家透過在酸溶液裡加一點鹼，就可以破壞酸的腐蝕力一樣。

關於這個問題，我們不妨多解釋一下：

有一個文藝作家對創作有著極大興趣，期望自己成為大文豪，美夢成真前，他說：「因為心存恐懼，我是眼看一天過去了，一星期、一年也過去了，仍然不敢輕易下筆。」

另一位作家說：「我很注意如何使我的心力有技巧、有效率地發揮，在沒有半點靈感時，也要坐在書桌前奮筆疾書，像機器一樣不停地動筆，不管寫出的句子如何雜亂無章，只要手在動就好了，因為手到能帶動心到，會慢慢地將文思引出來。」

初學游泳的人，站在高高的水池邊要往下跳時，都會心生

Part 6
別讓你的焦慮，拖累你的人生─真正有眼界的人，從來不會輸給情緒

恐懼。

如果壯大膽子，勇敢地跳下去，恐懼感就會慢慢消失；反覆練習後，恐懼心理就不復存在了。

倘若很神經質地懷著完美主義的想法，進步的速度會受到限制。

如果一個人恐懼時總是這樣想：「等到沒有恐懼心理時再來跳水吧，我得先把害怕退縮的心態趕走才可以。」這樣做的結果往往是把精神全浪費在消除恐懼感上了。

這種人一定會失敗，為什麼呢？人類心生恐懼是自然現象，而且只有親身行動才能將恐懼之心消除，如果不實際體驗，只是坐待恐懼之心離你遠去，自然是徒勞無功的事。

在不安、恐懼的心態下仍勇於作為，是克服神經緊張的處方，能使人在行動中獲得活潑與生氣，漸漸忘卻恐懼心理。只要不畏縮，有了初步行動，就能帶動第二、第三步的行動，如此一來，心理與行動都會逐漸走上正確的軌道。

控制情緒，重塑我們的內心格局

眼界和情緒掌控的能力相輔相成，真正有眼界的人善於控制情緒，而有目的地去控制情緒，重塑了我們內心的格局，也

變相地提高了眼界。

1965年9月7日，世界撞球冠軍爭奪賽在美國紐約舉行。路易斯·福克斯（Louis Fox）的得分一路遙遙領先，只要再得幾分就可穩拿冠軍了。然而，在這個關鍵時刻，他發現一隻蒼蠅落在主球上，他揮手將蒼蠅趕走了。可是，當他俯身擊球的時候，那隻蒼蠅又飛回到主球上來了，他在觀眾的笑聲中再一次起身驅趕蒼蠅。這隻討厭的蒼蠅破壞了他的情緒，更為糟糕的是，蒼蠅好像是有意跟他作對一樣，他一回到球臺，牠就飛回到主球上來，引得周圍的觀眾哈哈大笑。路易斯·福克斯的情緒惡劣到了極點，終於失去理智，憤怒地用球桿去擊打蒼蠅，球桿碰到主球，裁判判他擊球。他因此失去了一輪機會。之後，路易斯·福克斯方寸大亂，連連失分，而他的對手約翰·迪瑞則愈戰愈勇，得分超過了他，最後奪得冠軍。

一隻小小的蒼蠅，竟然擊敗了所向披靡的世界冠軍！這真是讓人不可思議！

一位曾在酒店行業摸爬滾打多年的老闆說：「在經營飯店的過程中，幾乎每天都會發生能把你氣得半死的事。當我在經營飯店並為生計而必須與人打交道的時候，我心中總是牢記兩件事情。第一件是：絕不能讓別人的劣勢戰勝你的優勢。第二件是：每當事情出了差錯，或者某人真的使你生氣時，你不僅不能大發雷霆，而且要十分鎮靜，這樣做對你的身心健康是大有好處的。」

Part 6
別讓你的焦慮，拖累你的人生—真正有眼界的人，從來不會輸給情緒

一位商界菁英說：「在我與別人共同工作的一生中，多少學到了一些東西，其中之一就是，絕不要對一個人大喊大叫，除非他離得太遠，不喊聽不見。即使那樣，也得確保讓他明白你為什麼對他喊叫，對人喊叫在任何時候都是沒有價值的，這是我一生的經驗。喊叫只能製造不必要的煩惱。」

控制情緒

人的情緒受眾多因素的影響，如他人言語、先發事件、個人成敗、環境氛圍、天氣情況、身體狀況等。但這些因素都可以按照來源分為外在因素（刺激）和內在因素（看法、認知）。兩種因素共同決定了人的情緒表現和行為特徵，其中，人的觀點、看法和認知等內部因素直接決定了人的情緒表現，而個人成敗、惡言惡語等外在因素，則透過影響情緒內在因素而間接決定人的情緒表現。

在現實生活中，人們總是會因為不順心的事情而大發脾氣或情緒低落，丟了東西時驚慌、謾罵，受到指責時憤憤不平，遭到侮辱時揮拳相向，失戀時借酒消愁，屢遭失敗時灰心喪氣，遇到難題時頓足搥胸，被人冤枉時火冒三丈，身體不適時心煩意亂……，這些似乎讓人覺得，個人的情緒表現是由這些不順心的事情直接決定的，但事實並非如此，只是因為人在成長的過程中形成了太多慣性思維，當受到「不順心」的事件刺激

時，人們總是本能地認為那是不好的事情，進而將思維延伸到事件對未來的影響，而這種影響也往往是壞的。也就是說，人們總是會往壞的方面想，而無視事情積極的一面，所以，正是個人的看法、認知等內在因素對外在刺激形成的固定的反應，才使得外在因素在很多時候直接決定了個人情緒。

「操之在我」的情緒管理技巧要求人們能夠靈活地調整內在因素對外在因素的慣性思維，當外在刺激可能導致個人情緒、行為的惡性變化時，人的看法、認知要能夠主動地自我調整，發掘樂觀向上的因素，限制外在刺激對情緒、行為的不良作用，保證穩定的情緒、樂觀的心態。「操之在我」的方法能夠變悲為喜、緩解矛盾、抑制憤怒，使一個人心胸開闊、輕鬆愉快、遇事冷靜。

「操之在我」的關鍵在於，從多角度去思考問題，善於發現樂觀向上的部分，而不是困死在思維的獨木舟上，多角度的思考也是提高眼界的重要途徑，所以說眼界和情緒掌控的能力相輔相成，真正有眼界的人善於控制情緒，而有意識地去控制情緒，也重塑了我們內心的格局。

Part 6
別讓你的焦慮，拖累你的人生－真正有眼界的人，從來不會輸給情緒

別讓情緒牽著鼻子走

火氣大，愛發脾氣，實際上是一種充滿敵意和憤怒的心態，這種心態久而久之就會演化成不良習慣，常常為了一丁點雞毛蒜皮的事情大動肝火，失去理智。

上班時塞車堵得厲害，交通號誌仍然亮著紅燈，你煩躁地看著手錶上的秒針慢慢地擺動，終於亮起了綠燈，可是你前面的車子遲遲不發動，因為開車的人思想不集中，你憤怒地按響喇叭，那個似乎在打瞌睡的人終於被驚醒了，倉促地踩油門前行，然而，你在這幾秒鐘的時間裡，將自己置於緊張而不愉快的情緒中。

美國研究應激反應的專家理察‧卡爾森（Richard Carlson）說：「我們的惱怒有 80％ 是自己造成的。」這位加利福尼亞人在討論會上教人們如何不生氣，卡爾森把防止激動的方法歸結為這樣的話：「請冷靜下來！要承認生活是不公正的，任何人都不是完美的，任何事情都不會按計畫進行。」

現在研究人員知道，應激反應是在頭腦中產生的。在即使是非常輕微的惱怒情緒中，大腦也會命令分泌出更多的壓力荷爾蒙。這時，呼吸道擴張，使大腦、心臟和肌肉系統吸入更多的氧氣，血管擴張，心臟加快跳動，血糖上升。

埃森醫學心理學研究所所長曼弗雷德‧舍德洛夫斯基說：

「短時間的應激反應是無害的，使人感受到壓力的是長時間的應激反應。」他的研究所的調查結果表明：61％的德國人感到在工作中不能勝任，其中30％的人覺得不能處理好工作和家庭的關係而有壓力，20％的人抱怨和上司的關係緊張，16％的人說在路途中精神緊張。

理查‧卡爾森的一條黃金規則是：不要讓小事情牽著鼻子走。他說：「要冷靜，要理解別人。」並給出建議：表現出感激之情，別人會感覺到高興，你的自我感覺會更好。

什麼是氣

古時有一位婦人，特別喜歡為一些瑣碎的小事生氣。

她也知道自己這樣不好，便去求一位高僧為自己談禪說道，開闊心胸。

高僧聽了她的講述，一言不發地把她領到一座禪房中，轉身離去。

婦人氣得跳腳大罵，罵了許久，高僧也不理會。婦人又苦苦哀求，高僧仍置若罔聞，後來，婦人終於沉默了。

這時，高僧來到門外，問她：「你還生氣嗎？」

婦人說：「我只為我自己生氣，我怎麼會到這地方來受這份罪。」

「連自己都不原諒的人怎麼能心如止水。」高僧說完，拂袖

Part 6
別讓你的焦慮，拖累你的人生—真正有眼界的人，從來不會輸給情緒

而去。

過了一會兒，高僧又問她：「還生氣嗎？」

「不生氣了。」婦人說。

「為什麼？」

「氣也沒有辦法呀！」

「你的氣並未消逝，還壓在心裡，爆發後將會更加劇烈。」高僧又離開了。

高僧第三次來到門前時，婦人告訴他：「我不生氣了，因為不值得氣。」

「還知道值不值得，可見心中還有衡量，還是有氣根。」高僧笑道。

當高僧迎著夕陽立在門外時，婦人問高僧：「師父，什麼是氣？」

高僧將手中的茶水傾灑在地。婦人視之良久，頓悟，叩謝而去。

什麼是氣？氣就是你越煩惱越會糾纏著你的東西，但當你放開心胸不計較時，它便消散了。

即使處境苦難，也要尋找積極因素

不同的人會有截然不同的人生態度，而不同的人生態度會造就不同的人生風景。樂觀者能從谷底中看到希望，悲觀者背向陽光，卻只看到了自己的影子。

悲觀態度和樂觀態度是人類最典型、最基本的兩種態度傾向。悲觀者和樂觀者在面對同一個事物和同一個問題時，會有不同的看法，下面是兩個見解不同的人在爭論的三個問題。

第一個問題：希望是什麼？悲觀者說，是地平線，就算看得到，也永遠走不到。樂觀者說，是啟明星，能告訴我們曙光就在前方。

第二個問題：風是什麼？悲觀者說，是浪的幫凶，能把你埋藏在大海深處。樂觀者說，是帆的夥伴，能把你送到勝利的彼岸。

第三個問題：生命是不是花？悲觀者說，是又怎樣，凋謝了也就沒了。樂觀者說，不，它能留下甘甜的果實。

突然，天上傳來了上帝的聲音，也問了三個問題。

第一個問題：一直向前走會怎樣？悲觀者說，會碰到坑坑窪窪。樂觀者說，會看到柳暗花明。

Part 6
別讓你的焦慮，拖累你的人生－真正有眼界的人，從來不會輸給情緒

　　第二個問題：春雨好不好？悲觀者說，不好，野草會因此長得更瘋。樂觀者說，好，百花會因此開得更豔。

　　第三個問題：如果給你一片荒山，你會做什麼？悲觀者說，修一座墳墓。樂觀者反駁，不，可種滿山綠樹。於是，上帝給了他們兩樣不同的禮物：給了悲觀者失敗，給了樂觀者成功。

　　同樣是人，悲觀者和樂觀者有著截然不同的人生態度，不同的人生態度造就了兩者不同的眼界，而不同的眼界造就了不同的人生風景，並導致了完全不同的人生結局。

　　美國醫生做過這樣一個實驗：讓患者服用安慰劑，安慰劑呈粉狀，是用水和糖加上某種顏色配製的，當患者相信藥力，也就是說，對安慰劑的效力持樂觀態度時，治療效果就顯著。如果醫生自己也確信這個處方，療效就更加顯著了，這一點已透過實驗得以證實。

　　悲觀態度是由精神引起而又會影響到組織器官，有一個意外的事故證明這一點。一位鐵路工人意外地被鎖在一個冷凍車廂裡，他清楚地意識到如果出不去，就會凍死，不到20個小時，冷凍車廂開啟時人已死了，醫生證實是凍死的，可是，仔細檢查了車廂，冷氣開關並沒有開啟，但那位工人確實死了，因為他確信，在冷凍的情況下是不能活命的，所以，在極端的情況下，極度悲觀會導致死亡。

　　一位樂觀主義者卻總是假設自己是成功的，也就是說，他

在行動之前，已經有了85%的成功把握。然而，悲觀主義者在行動之前，卻已經認定自己是無可挽救了。

克服悲觀的方法

其實，悲觀的心態並不可怕，只要你調整好自己的心態，一切困難，都可以克服。

越擔驚受怕，就越遭災禍，因此，一定要懂得積極態度所帶來的力量，要相信希望和樂觀能引導你走向勝利。

即使處境危難，也要尋找積極因素。這樣，你就不會放棄努力。你越樂觀，克服困難的勇氣就越會倍增。

以幽默的態度來接受現實中的失敗。有幽默感的人，才有能力輕鬆地克服噩運，排除隨之而來的倒楣念頭。

既不要被逆境困擾，也不要幻想奇蹟，要腳踏實地、堅持不懈，全力以赴去爭取。

無論多麼嚴峻的形勢向你逼來，你都要努力去發現有利的因素。過後，你就會發現自己到處都有一些小成功，這樣自信心自然也就增長了。

不要讓悲觀作為保護你失望情緒的緩衝器。樂觀是希望之花，能賜予人力量。

失敗時，你要想到你曾經多次獲得過成功，這才是值得慶

Part 6
別讓你的焦慮，拖累你的人生─真正有眼界的人，從來不會輸給情緒

幸的。如果 10 個問題，你做對了 5 個，那麼還是完全有理由慶祝一番的，因為你已經成功地解決了 5 個問題。

在閒暇時間，你要努力接近樂觀的人，觀察他們的行為。透過觀察，樂觀的火種會慢慢地在你內心點燃。

要知道，悲觀不是天生的。就像人類的其他態度一樣，悲觀不但可以減輕，而且透過努力還能轉變成樂觀的態度。

如果樂觀使你成功地克服了困難，那麼你就應該相信這樣的結論：樂觀是成功之源。

自卑不是黑暗，它只是矇住了你的眼睛

在許多人的心中，自卑彷彿是揮之不去的黑蝙蝠，它像蛀蟲一樣啃噬著你的人格，它像一雙大手，矇住了你的眼睛，讓你看不到自己的才能。

唐代大詩人李白在〈將進酒〉中吟道：「天生我才必有用！」這是何等豪邁的氣勢！心理學家讀到此句時，肯定還會再加上一句：這是何等的自信！現代社會充滿競爭，同時也常有機遇，「嘗試」成了現代人相當時髦的人生信條。每當人們走向新的挑戰之前，總是向挑戰者或競爭者展示：天生我才必有用，這次勝利非我莫屬的自信！

然而，在人生舞臺上，有些人卻低低哀嘆：天生我材……沒有用，這種自卑者的「自白」與自信者的「吶喊」形成了強烈的對比：自卑者認為自己沒有能力，只適合當觀眾；而自信者相信自己的力量，竭力去做人生舞臺上的主角。自卑是個人由於某些生理缺陷或心理缺陷，及其他原因而輕視自己，認為自己在某個方面或其他各方面不如他人，表現在社交活動中就是缺乏自信，想像失敗的體驗較多。自卑是影響人際交往的心理障礙，它直接阻礙了一個人走向群體，與其他人交往的積極性。

當你還是孩童的時候，「自卑」這個神祕的怪物就開始跟隨著你，一步一步地侵蝕你的勇氣和信心，你會憂慮同伴看不起你，存心遠離你、孤立你；當你讀書的時候，你會懷疑自己的能力，總覺得自己的能力略遜一籌，雖經不懈努力，成績還是不能拔尖，於是你就自暴自棄，放任自流，你開始害怕見到老師，在同學面前你抬不起頭，漸漸地你變得孤僻、不合群；當你步入社會，你會無端猜測別人對你不懷好意，埋怨領導對你不器重，感嘆世態炎涼，社交缺乏勇氣，見陌生人就臉紅、心跳、惶惶不安，以致迴避社交，不敢見人；當你出來工作的時候，你會覺得處處有生存的壓力，樣樣不順心，面對困難你會手忙腳亂、無所適從；當你戀愛時，你會過分關注自己的表現，很在乎對方對你的評價，甚至懷疑自己的魅力，擔心被對方拋棄，害怕錯過這次，以後的情況會更糟；等到你步入婚姻的殿堂，你又會莫名其妙地懷疑起自己的性能力和生育能力……

Part 6
別讓你的焦慮，拖累你的人生－真正有眼界的人，從來不會輸給情緒

自卑常常在不經意間闖入我們的內心世界，控制著我們的生活，在我們有所決定、有所取捨的時候，向我們勒索勇氣與膽略；當我們碰到困難的時候，自卑會站在我們的背後大聲地嚇唬我們；當我們要大踏步向前邁進的時候，自卑會拉住我們的衣袖，叫我們小心地雷。自卑會讓你面對一次偶然的挫敗就垂頭喪氣、一蹶不振，將自己的一切否定，你會覺得自己一無是處、窩囊至極，甚至會掉進自責的漩渦。

自卑就像蛀蟲一樣啃噬著你的人格，它是你走向成功的絆腳石，也是快樂生活的程咬金。只有克服自卑心理、建立自信，才能拓寬視野、提升眼界。

自信是成功的第一祕訣

克服自卑的最好方法是建立自信，因為只有自信才可以釋放人的各種力量。自信的人膽大，自信的人英勇，自信的人坦誠，自信的人開朗，自信的人樂觀，自信的人豁達，自信的人熱情，自信的人快樂，自信的人熱愛生活，自信的人無所畏懼，自信的人容易接受自己的缺點，自信的人對自己負責，自信的人容易接受現實，自信的人更富同情心，自信的人更具愛的能力，自信的人人際關係更深刻，自信的人更民主。總而言之，自信是人格的核心力量，更是一個人建構大格局的基礎。

我們要如何尋找自信呢？我們不用像唐僧到西天取經一樣

歷經無數的劫難，我們的自信就在自己的體內，自信是一種天賦，是一種與生俱來的能力，它與自我實現同屬人性最偉大的潛能。

莫小米先生曾講過一個耐人尋味的小故事：有位同事總是管不好自己的鑰匙，不是丟了，就是忘了，要不就是反鎖在門裡邊。他的辦公室301就他一個人，老是撬門也不是個辦法，於是配鑰匙時他就多配了一把，放在辦公室302，無憂無慮地過了一段時日。有一天，他又沒帶鑰匙，恰好辦公室302的人都出去辦事了，又吃了閉門羹。於是，他在辦公室303也放了一把鑰匙。最後就變成這樣：有時候，他的辦公室，所有的人都進得去，只有他進不去。

以上所述說明一個問題，在現實生活中放棄自己的權利，讓別人的意志來決定自己生活的人實在不少。失去了自我，也就失去了自我追求和信仰，也就失去了自由，自卑就會隨時來壓迫你，迫使你進入生活的陰暗中去，最後變成一個毫無價值的人。

還有一個小故事，說的是一位畫家把自己的一幅佳作送到畫廊裡展覽，他別出心裁地在畫旁放了一支筆，並附言：「觀賞者如果認為有欠佳之處，請在畫上做記號。」結果，畫面上標滿了記號，幾乎沒有一處不被指責。過了幾天，這位畫家又畫了一張同樣的畫拿去展出，但這次附言與上次不同，他請每位觀賞者將

Part 6
別讓你的焦慮，拖累你的人生―真正有眼界的人，從來不會輸給情緒

他們最為欣賞的妙筆都標上記號。當他再取回畫時，看到畫面又被標滿了記號，原先被指責的地方，卻都換上了讚美的標記。

這位畫家不受他人的操縱，充滿了自信。正像林潤翰先生所言，他「自信而不自滿，善聽意見卻不被其左右，執著卻不偏執」。

上面兩個故事裡的主角，前者過於高估了他人，而過於低估了自己，沒有意識到自己擁有的能力，越是這樣越覺得自己不行，覺得自己不行，就必然要依賴他人，受他人的操縱；而後者因為用正確的觀點評價別人和看待自己，所以在任何情況下，都不會迷路，都會有完全的自信，永不會受他人操縱。

其實，在人生的舞臺上，每一個人都是自己的主角，而擁有自信是成功人生的重要因素之一。因此，我們應時刻保持昂揚的信心，驅散自卑的陰影，為生活增添亮麗的顏色。

二十問法，叫停貪婪

層次越高的人，計較得越少，因為他們的時間和精力，都花在了更重要的事情上。而眼界狹隘的「窮人」卻放縱自己的貪婪，只顧眼前的利益，他們以為自己貪了小便宜，其實反而吃了大虧。

曾聽說過一個小故事：有座山，山裡有一個神奇的洞，裡面的寶藏足以使人終生享用不盡，但這個山洞一百年才開一次，有一個人無意中經過那座山時，正巧碰到百年難得的一次洞門大開的機會，他興奮地進入洞內，發現裡面有大堆的金銀珠寶，便急忙往袋子裡裝。由於洞門隨時都有可能關上，他必須動作迅速，並且要盡快離開。當他得意揚揚地裝了滿滿一面袋珠寶後，愉快地走出了洞口，出來後卻發現帽子忘在裡面了。於是，他又衝入洞中，可惜時刻已到，他和山洞一起消失得無影無蹤。

故事很簡單，卻耐人尋味，貪婪的人，被慾望牽引，慾望無邊，貪婪無邊；貪婪的人，常懷有私心，一心算計，斤斤計較，卻最終一無所獲。

雖然說人不能沒有慾望，否則就會失去前進的動力，但人也不能貪婪，因為貪慾是個無底洞，你永遠也填不滿。前蘇聯的教育家馬卡連柯曾經說過：「人類慾望本身並沒有貪慾，如果一個人從煙霧瀰漫的城市裡來到一個松林裡，呼吸清新的空氣，他非常高興，誰也不會說他消耗氧氣是過於貪婪。貪婪是從一個人的需求和另一個人的需求發生衝突開始的，是由於必須用武力、狡詐、盜竊，從他人手中把快樂和滿足奪過來而產生的。」

一個窮人會缺很多東西，而一個貪婪者卻是什麼都會缺！

Part 6
別讓你的焦慮，拖累你的人生─真正有眼界的人，從來不會輸給情緒

貧窮的人只要一點兒東西就可以感到滿足，奢侈的人需要很多東西才可滿足，但貪婪的人需要一切東西才能滿足。所以貪婪的人總是不知足，他們天天生活在不滿足的痛苦中，渴望得到一切，但最終兩手空空。

有一則寓言：

上帝在創造蜈蚣時，並沒有為牠造腳，但是牠爬得和蛇一樣快速。

有一天，牠看到羚羊、梅花鹿和其他有腳的動物都跑得比牠快時，心裡很不高興，便嫉妒地說：「哼！腳越多，當然跑得越快！」

於是，牠向上帝禱告說：「上帝啊！我希望擁有比其他動物更多的腳。」上帝答應了蜈蚣的要求。祂把好多好多的腳放在蜈蚣面前，任憑牠自由取用。

蜈蚣迫不及待地拿起這些腳，一隻一隻地往身上貼去，從頭一直貼到尾，直到再也沒有地方可貼了，牠才依依不捨地停止。

牠心滿意足地看著滿身是腳的自己，心中竊喜：「現在，我可以像箭一樣地飛出去了！」

但是，等牠開始要跑步時，才發覺自己完全無法控制這些腳。這些腳劈里啪啦地各走各的，牠必須全神貫注，才能使一大堆腳依次前行。這樣一來，牠走得比以前慢了。

任何事物都不是多多益善，蜈蚣因為貪婪，想擁有更多的腳，結果卻適得其反，腳成了束縛牠行動的繩索，代價可謂十分慘重。

《聖經》中說，「如果你得到的是整個世界，而喪失了自己的生命，那麼，你也得不償失。因貪婪得來的東西，永遠是人生的累贅。貪婪輕則讓人喪失生活的樂趣，重則誤了身家性命。生活的壓力越來越大，臉上的笑容越來越少，這或許就是貪婪的代價。」

和貪婪說再見

境界越高的人，反而計較得越少，因為他們的時間和精力，都花在了更重要的事情上。而眼界狹隘的「窮人」卻放縱自己的貪婪，只顧眼前的利益，他們以為自己貪了小便宜，其實反而吃了大虧。

貪婪並非遺傳所致，是個人在後天社會環境中受病態文化的影響，形成了自私、攫取、不滿足的價值觀而引發的不正常的行為表現。若欲改正，是可以做到的，具體方法如下：

■ 二十問法

這是一種自我反思法，即自己在紙上連續寫出二十個「我喜歡……」，寫的時候應不假思索，限時二十秒鐘。待全部寫完

Part 6
別讓你的焦慮，拖累你的人生─真正有眼界的人，從來不會輸給情緒

後，再逐一分析哪些是合理的慾望，哪些是超出能力的過分的慾望，這樣就可明確貪婪的對象與範圍，自己最後對造成貪婪心理的原因與危害做較深層的分析。例如，有一個貪財的人在紙上連續寫下「我喜歡錢」、「我喜歡很多的錢」、「我喜歡自己是個有錢人」、「我喜歡有許多財富」、「我喜歡過有錢的生活」……他寫完之後，就要思考一下，自己對錢是否有一些過分的欲望，為什麼許多舉動都與錢有關。接著往下想，人的生活離不開錢，但錢應來得正，不能取不義之財；錢是身外之物，生不能帶來，死不能帶走，貪婪之心最終會阻礙自己的發展。然後分析自己是否有攀比、補償、僥倖的心理呢？是不是缺乏正確的人生觀、價值觀呢？

■ 知足常樂法

一個人對生活的期望不能過高，雖然誰都會有些需求與慾望，但這要與本人的能力及社會條件相符。每個人的生活有歡樂，也有缺失，不能攀比。俗話說：「人比人，氣死人」「尺有所短，寸有所長」「家家都有本難唸的經」。心理調適的最好辦法就是做到知足常樂，「知足」便不會有非分之想，「常樂」也就能保持心理平衡了。

■ 格言自警法

利用格言警句時刻提醒自己，約束自己，不要過於貪婪。

不是方法的方法，擺脫焦慮有奇效

說句很喪的話，哪怕活成你想要的樣子，你依舊會焦慮。再優秀的人生也是有焦慮的，只是相比普通人，眼界開闊的人更懂得化焦慮為動力。

每個人都或多或少地有過杞人憂天的經歷，例如，假設有一天早晨起得太晚，你不禁心想：「糟糕！起得太晚了，一定會碰上塞車，上班鐵定會遲到。如果到得太晚，老闆肯定會對我不滿意；要是他氣炸了，說不定會要我走人。萬一我失業了，房屋貸款還有一大堆等著支付的信用卡帳單該怎麼辦？要是不能及時找到工作的話，不但信用破產，房子也會被查封。房子如果沒了，我住哪兒去？沒錢又沒地方可去，我一定得挨餓，搞不好還會橫死街頭呢！而這些都是今天這麼晚起床導致的！」

也許，你會覺得這一路推演下來未免太誇張了點兒，是稍微誇張了點兒，但類似這樣的杯弓蛇影你肯定也遇到過。

為了明天會更好，每個人都戰戰兢兢地過活，誰都害怕今天所有的一切明天會化為泡影，所以焦慮感就油然而生了。

適當的焦慮感可以促使我們奮發向上，沒有它，大多數人就失去了激發自己向上的原動力，也就沒了奮鬥動機。但是，過度焦慮也是不可取的，只會讓我們成天憂心忡忡，久而久之

Part 6
別讓你的焦慮，拖累你的人生—真正有眼界的人，從來不會輸給情緒

成了習慣，甚至於內化成個人的性格，變成無事不憂、無事不慮，反而束手束腳，讓你什麼事也做不了。

如果凡事能夠退一步想，不要那麼汲汲營營，焦慮就會減輕許多。就上面的例子來說，雖然遲到了，但也可以安慰自己：「說不定趕上上班的人今天都起早了，一路過去都暢通無阻，萬一塞車了，老闆可能也還沒到，就算被他逮到了，頂多也就批一頓，沒什麼事的……」

說句頹喪的話，哪怕活成你想要的樣子，你依舊會焦慮，再優秀的人生也是有焦慮的，只是相比普通人，眼界開闊的人更懂得化焦慮為動力，反正對於未知的事，所有估計都是機率問題，以統計學來說，最壞和最好的情況出現的機率都是微乎其微的，同時它們的機會也大略相等，所以，你不必擔心，更何況即使出現了最壞的情況，你又能怎麼辦？你的擔心能夠改變它嗎？所以說，與其一顆心七上八下的，倒不如及早規劃一下如何亡羊補牢，甚至是另謀解決之道。

莫把焦慮藏心中

黃昏時分，有一個人在森林中迷路了，天色漸漸地暗了，眼看黑幕即將籠罩，黑暗的恐懼和危險，一步步逼近，這個人心裡明白，只要一步走錯，就有掉入深坑或陷入泥沼的危險，還有潛伏在樹叢後面飢餓的野獸，正虎視眈眈地注視著他，一

場狂風暴雨式的恐怖正威脅著他，侵襲著他，萬籟無聲，對他來說是一片死前的寂靜和孤單。

這時，淒黯的夜空中，幾顆微弱的星星一閃一閃，似乎帶來了一線光明，卻又不時地消失在黑暗裡，留給人迷茫，但是，對汪洋中的溺水者來說，一根空心的稻草都是珍貴的，都被認為是救命的寶筏，雖然，一根稻草是那麼無濟於事。

突然間，眼前出現一位流浪漢，他不禁歡喜雀躍，上前探詢出去的道路，這位流浪漢很友善地答應幫助他。走呀走，他發現這位陌生人和他一樣迷茫，於是，他失望地離開了這位迷茫的流浪漢，再一次回到自己的路線上來。

不久，他又碰上了第二個陌生人，那人肯定地說他擁有一張精確的地圖，於是，他跟隨這個新的嚮導，終於發現這是一個自欺欺人的人，他的地圖只不過是他自我欺騙的工具而已，最終，他陷入深深的絕望中。

他曾經竭力問他們有關走出森林的知識，但他們的眼神後面隱藏著憂慮和不安，他知道：他們和他一樣迷茫。他漫無目的地走著，一路的驚慌和失誤，使他由徬徨、失落到恐懼，無意間，他把手插入口袋，卻找到了一張正確的地圖。

他若有所思地笑了：原來它始終就在這裡，只要在自己身上尋找就行了，之前他太忙，忙著詢問別人，反而忽略了最重要的事 —— 在自己身上尋找。

如同這位流浪者，你天生具有一份內在的地圖，指引你離

Part 6
別讓你的焦慮，拖累你的人生─真正有眼界的人，從來不會輸給情緒

開焦慮和沮喪的黑暗森林。這個故事告訴人們，情緒性的焦慮是多餘的，假如任何人告訴你其他東西，那他一定沒有找到他自己。

消除焦慮的辦法是始終存在的，但是我們一定得靠自己的能力去解除自己的焦慮，不能隨便聽信他人，不要因為他自稱知道解決的辦法，就放棄自己的追尋，甚至委屈了自己，只要我們不斷地追尋，甚至於「絕望」本身也能夠幫助我們。如保羅・泰利斯博士指出：「在每個令人懷疑的深坑裡，雖然感到絕望，我們對真理追求的熱情，依舊不停地存在。不要放棄自己，而去依賴別人，縱使別人能解除你對真理的焦慮，不要因誘惑而匯入一個不屬於你自己的真理。」

所以，儘管生活中難免會遇到不如意的事，但只要你善於把握自己，並明白以下兩點，是可以戰勝困難的：

一、不要把焦慮和恐懼隱藏在心中。許多人感到焦慮不安時，總是深藏在心底，不肯坦白說出來，其實，這種辦法是很愚蠢的，內心有憂慮煩惱，應該盡量坦白講出來，這不但可以給自己從心理上找出一條出路，而且有助於恢復頭腦的理智，把不必要的憂慮除去，同時找出消除焦慮的方法。

二、不要怕困難。人遇到困難，往往是成功的先兆，只有不怕困難的人，才可以戰勝焦慮。

嫉妒，眼界開闊的人進步的最大動力

要知道，真正厲害、有眼界的人，從不對別人品頭論足，他們只會想辦法讓自己變得越來越好，走得越來越遠，而不是看著別人的背影發了瘋地嫉妒別人比自己好。

《三國演義》中，有位英才蓋世、文武雙全的大英雄叫周瑜。這位當時很了不起的美男子，年紀輕輕就擔任江東（吳國）的統兵大都督要職，尤其在赤壁之戰中，他更顯出叱吒風雲、謀略高超的政治軍事才能，他居然以少量東吳和劉備之師，取得大破曹操83萬大軍的輝煌勝利。在歷史上，周瑜留下千古絕唱的赫赫聲名。

據說，此人不僅能披掛上馬，能征善戰，運籌帷幄決勝千里，文韜武略堪稱上乘，是位難得的英俊奇才，而且還熟諳音律。有傳聞說，他聽音樂演奏時，若誰奏錯一個音符，他立刻就能辨別出來，為此，有「曲有誤，周郎顧」之說，當後人對周瑜其人的褒獎盛讚之際，人們同時也看到了這位英年早逝者的兩大致命弱點，那就是他的量窄和嫉才。

周瑜一生度量狹窄，人人皆知。比如，在取得火燒赤壁大戰成功後，竟容不下與他共同抗曹的諸葛亮，並密令部將丁奉、徐盛擊殺諸葛亮。不料，諸葛亮早有準備，密殺不成，為此，周瑜萬分氣憤，如此不能容人的周瑜，密除同盟，過河拆

Part 6
別讓你的焦慮，拖累你的人生―真正有眼界的人，從來不會輸給情緒

橋，實在令人心寒並為之可悲。

周瑜為什麼容不下諸葛亮？原來，足智多謀的諸葛亮處處高周瑜一籌，尤其在關鍵時刻，事事想在周瑜之前，且能將周瑜的內心活動看得入骨三分，這使得周瑜妒忌得寢食難安，隨時想除掉才智高於自己的諸葛亮，不過，諸葛亮總是在周瑜謀害前就有了防備，這更使周瑜一次比一次氣悶，嫉才的結果，反把自己給活活「氣死」了。

有道是：「人之將死，其言也善。」可周瑜在臨死之前，非但未能悔悟，反而含恨仰天長嘆曰：「既生瑜，何生亮？」連叫數聲而亡。可見其量窄、嫉才之心，到死也未能更改。因此，後人都評說周瑜是因量窄害了他自己。

用今人的話說，他是心胸狹窄，心理不健康，甚至是心理疾患所致，希望周瑜心胸狹窄、嫉才、妒能、害人而最終害己的慘痛結果，能給後人留下深刻的教訓，尤其是嫉妒之心，這個人類心靈上的毒瘤，不知道傷害了多少人！

嫉妒是一種難以公開的陰暗心理，它常對人們造成嚴重的心理危害，在日常工作和社會交往中，嫉妒心理常發生在一些與自己旗鼓相當、能夠形成競爭的人身上，比如，對方的一篇論文獲獎，人們都過去稱讚和表示祝賀，自己卻呆呆地坐在那裡一言不發，由於心存芥蒂，事後也許或就這篇論文，或就對方其他事情的「破綻」大大攻擊一番，對方再如法炮製，以牙還

牙。如此惡性循環,必然影響雙方的事業發展和身心健康。

《浮士德》中曾寫道:「嫉妒是來自地獄的一塊嘶嘶作響的灼煤。」嫉妒其實是一些人心態不平衡的表現。有嫉妒之心者,也往往自高自大,認為自己是「老子天下第一」,從而看不起別人,置別人的成績於不顧,貶低他人的才幹如草芥。而當別人取得一些成績時,他的心理就會失去平衡,千方百計地給那些優於自己者製造出種種麻煩和障礙:或打小報告,無中生有,唯恐天下不亂;或做擴音器,把一件小小的事情鬧得滿城風雨。嫉妒者還終日鬱鬱寡歡,唉聲嘆氣,只有別人降到了與他一樣或向下的位置,他才認為這樣可以理所當然地消除妒氣,從而偃旗息鼓,這也正應了「小人長戚戚」一說,嫉妒別人者也屬於小人之列。

當嫉妒心理很強烈時會產生報復行為,他會把嫉妒對象作為發洩的目標,使其蒙受巨大的精神或肉體的傷害,嫉妒心理出現以後,如果不能直接用某種嫉妒行為達到目的時,就可能會轉而等著看嫉妒對象的「好戲」,稍有一點挫折或失敗出現在嫉妒對象身上時,他們就幸災樂禍,鼓倒掌、喝倒彩,以此挖苦對方,滿足日益膨脹的嫉妒心理需要。如果嫉妒對象遭受到比較大的挫折,他們更是樂不可支,不給予半點同情和安慰。

實際上,嫉妒心理及相應的嫉妒行為除了暫時平衡了他們的心理之外,毫無可取之處。一方面,深受其害的嫉妒對象會

Part 6
別讓你的焦慮，拖累你的人生─真正有眼界的人，從來不會輸給情緒

遠離這個「作惡多端」的嫉妒者，旁觀者也會對嫉妒者的小人行徑不滿，嫉妒者以前建立的一些人際關係也可能由此而失去和諧，變得緊張起來；另一方面，嫉妒者也不是一個勝利者，他們自己承受著巨大的心理痛苦，在以後的社交活動中也會裹足不前，不敢與那些條件優越或有很強能力的人交往。

幸運的是，嚴重的嫉妒心理在大多數人那裡找不到生長的溫床，只有心胸狹隘的人容不得別人比自己優秀一點，他們像武大郎開店那樣，比自己高的人都不能來做跑堂，他們只能透過嫉妒別人來尋找自己的存在感。

化解嫉妒心理的妙招

伯特蘭・羅素（Bertrand Russell）是 20 世紀聲譽卓著、影響深遠的思想家之一，是 1950 年諾貝爾文學獎的得主，他在《快樂哲學》一書中談到嫉妒時說：「嫉妒儘管是一種罪惡，它的作用儘管可怕，但並非完全是一個惡魔。它的一部分是一種英雄式的痛苦的表現；人們在黑夜裡盲目地摸索，也許走向一個更好的歸宿，也許只是走向死亡與毀滅。要擺脫這種絕望，尋找康莊大道，文明人必須擴展他的心胸。他必須學會超越自我，在超越自我的過程中，學得像宇宙萬物那樣逍遙自在。」那麼，化解嫉妒心理的良方是什麼呢？

■ 胸懷大度，寬厚待人

19世紀初，蕭邦從波蘭流亡到法國，當時匈牙利鋼琴家李斯特（Franz Liszt）已蜚聲樂壇，而蕭邦還只是一個默默無聞的小人物，然而，李斯特對蕭邦的才華深為讚賞，怎樣才能使蕭邦在觀眾面前贏得聲譽呢？李斯特想了個妙法：那時候在演奏鋼琴時，往往要把劇場的燈熄滅，一片黑暗，以便使觀眾能夠聚精會神地聽演奏，李斯特坐在鋼琴面前，當燈一滅，就悄悄地讓蕭邦過來代替自己演奏，觀眾被美妙的鋼琴演奏征服了，演奏完畢，燈亮了。人們既為出現了這位鋼琴演奏的新星而高興，又對李斯特推薦新秀深表欽佩。

■ 見賢思齊

一個有道德的人，一個思想純正的人，一個能積極進取的人，當他發現有人比自己做得好，比自己有能力時，從不會對別人心生不滿，而是從別人的成績中找出自己的差距所在，從而振作精神，向他人學習，這樣便有可能在一種積極進取的心理狀態下，迸發出創造性，趕上或超過曾經比自己強的人。這就是古人說的見賢思齊。

■ 有自知之明，客觀評價自己

當嫉妒之心萌發時，或是有一定表現時，能夠積極主動地調整自己的意識和行動，從而控制自己的動機和感情。這就需

Part 6
別讓你的焦慮，拖累你的人生－真正有眼界的人，從來不會輸給情緒

要冷靜地分析自己的想法和行為，同時客觀地評價一下自己，從而找出自己與別人的差距。當認清了自己後，再評價別人，自然也就能夠有所覺悟了。

■ 調整心態

嫉妒是由一種不良的心理狀態引起的，原因多種多樣，只要能對自己看問題的視角做必要的調整，便會發現嫉妒別人是完全沒有必要的，也是毫無意義的，對別人的嫉妒，實際是對自己的一種懲罰，有人看見別人日子過得比自己好，氣不打一處來，說人家錢來路不明；有人見別人打扮得漂亮一些，便不由得在心裡罵一句「臭美」；人家添置了新家電、裝修了房子，便議論人家「炫富」，這實在是一種典型的嫉妒心理在作怪，這樣做對別人絲毫無損，只能自己惹自己生氣，如果能調整一下心態，換一個角度來看問題，也許會是另一番景象。

■ 快樂之藥可以治療嫉妒

快樂之藥可以治療嫉妒，是說要善於從生活中尋找快樂，如同嫉妒者隨時隨地為自己尋找痛苦一樣。如果一個人總是想：比起別人可能得到的歡樂來，我的那一點兒快樂算得了什麼呢？那麼，他就會永遠陷於痛苦之中，陷於嫉妒之中。快樂是一種情緒，嫉妒也是一種情緒，何種情緒占據主導地位，主要靠人來調整。

少一分虛榮就少一分嫉妒

虛榮心是一種扭曲了的自尊心，自尊心追求的是真實的榮譽，而虛榮心追求的是虛假的榮譽，對於嫉妒心理來說，它意味著要面子，不願意別人超過自己，以貶低別人來抬高自己，正是一種虛榮，一種空虛心理的需要，單純的虛榮心與嫉妒心理相比，還是比較好克服的，而兩者又緊密相連，相依為命，所以克服一分虛榮就會少一分嫉妒。

Part 6
別讓你的焦慮，拖累你的人生―真正有眼界的人，從來不會輸給情緒

Part 7
如果不能戰勝對手，那就加入他們
—— 決定你上限的不是能力，而是你的眼界

Part 7
如果不能戰勝對手,那就加入他們─決定你上限的不是能力,而是你的眼界

不會合作,到了出口也出不去

眼界高的人,在有共同利益的時候,能夠選擇對雙方都有利的合作,相互幫助,協調互補,這樣才會每個人都有出路。

有一位青年到海邊旅遊,在那裡遇到了一位捉螃蟹的老翁,他看到老翁旁邊放著兩個小竹簍,一個蓋著蓋子,一個敞著口,他猜肯定是那個蓋著蓋子的竹簍裡裝滿了螃蟹,而那個敞開口的竹簍裡沒有螃蟹或者很少。

為了證實自己的猜想,他走上前去往那個敞口的竹簍裡一看:「哎喲!我的天,怎麼裡面這麼多螃蟹?」接著,他又掀開了那個蓋著蓋子的小竹簍,卻發現裡面只有一隻螃蟹。他納悶了,於是問老翁:「老伯,你這個竹簍裡只有一隻螃蟹,為什麼還要蓋著蓋子,而另一個竹簍裡裝滿了螃蟹,你卻不蓋?」

老翁淡淡一笑,回答說:「年輕人,你有所不知,這兩個竹簍的形狀和一般的不同,它的開口部分較小,而底下的部分較大。假如竹簍裡面只有一隻螃蟹,就得把竹簍蓋好,防止那隻螃蟹逃走;如果竹簍裡有兩隻以上的螃蟹,那麼竹簍口就算不蓋,也不必擔心,因為只有一隻螃蟹時,螃蟹可以順著竹簍口逃走,而若有兩隻以上的螃蟹,那麼所有的螃蟹都會拼命地往竹簍口逃跑,但是這時候問題就出現了,竹簍口設計得很小,只能讓一隻螃蟹通過,一旦有螃蟹順利爬到開口處,其餘的螃蟹便會蜂擁而至,設法占據出口的位置,這樣一來,只要有螃

蟹想逃走，其餘的螃蟹便會把牠拉下來，所以沒有任何一隻螃蟹可以順利逃走。」

螃蟹如此，人何嘗不是這樣？人們與生俱來就有競爭的天性，每個人都希望自己比別人強，都在與周圍的人競爭。生活中有些人總是生怕別人超過了自己，於是為別人的成功設定各種障礙，可是，互相拆臺的最終結果只會導致兩敗俱傷，誰都占不了好處，就像下面這則笑話。

上帝向一個人允諾說：「我可以滿足你三個願望，但有一個條件 —— 在你得到想要的東西時，你的敵人將得到你所得到的雙倍。」於是這個人提出自己的三個願望：第一個願望是一大筆財產，第二個願望還是一大筆財產，第三個願望卻是「請你把我打個半死吧！」。

雖然這只是一個笑話，但在現實生活中選擇盲目競爭，最終導致兩敗俱傷的例子比比皆是，其實如果競爭中的雙方在有共同利益的時候，能夠選擇對雙方都有利的合作，相互幫助，協調互補，相信每個人都有出路。

Part 7
如果不能戰勝對手，那就加入他們—決定你上限的不是能力，而是你的眼界

眼界越高的人越會變著花樣求合作

決定你能走多遠的不是你的能力，而是你的眼界，眼界小的人，喜歡單打獨鬥，結果路越走越窄；眼界廣闊的人，擅長與人合作，路才會越走越寬。

盲目競爭只會導致兩敗俱傷，那與其爭奪利益，把資源浪費在無用的事情上，還不如想辦法把蛋糕做大，獲得更大的利益。要知道，單打獨鬥者，路越走越窄；與人合作者，路才會越走越寬，關於這一點，古今中外有不少的案例，下面是我平時整理的幾個很能說明這個問題的小故事，希望讀者能從中得到一點點有用的東西。

1. 出租還是自營

有一家公司擁有半條街巷的店面房，平日裡這些店面房就用來作為產品銷售的店面，可是公司近幾年來業務不景氣，店面也冷清了許多，恰好這個街巷附近是一個很大的居民區，於是公司只好撤了店面，空房對外招租。

有一對夫婦，率先在這裡租房，辦起了一個風味小吃店，生意竟出奇地好。後來許多風味小吃全聚到這條街上來，這條街人聲鼎沸，很快成了遠近聞名的小吃一條街。

見租房的人生意這麼好，對外租房的公司再也坐不住了，公司收回了對外招租的全部店面房，攆走了在這裡經營各種風味小吃的人們，自己經營起小吃生意來，但沒料到僅僅一個月，這條街巷又冷清起來，許多常來這條街上的食客，竟然漸漸不再來了，公司的效益出奇地差，自己獨家做生意的收入，竟還沒有房租的收入高，負責經理百思不得其解，去詢問一個德高望重的經濟學方面的老專家。

專家聽了，微笑著問他：「如果你要吃飯，是到一個只有一家餐廳的街上去，還是要到一個有幾十家餐廳的街上去？」經理說：「哪裡餐廳多，哪裡選擇餘地大，我就會到哪裡去。」

專家聽了，微微一笑說：「那麼你的公司壟斷了那條街巷的小吃生意，與同一條街上只有一家餐廳有什麼不同呢？」

經理馬上醒悟過來，回去後便迅速縮減了自己公司的生意門市，又將門面房對外招租，這條街巷的生意不久又恢復了昔日的紅火。

2. 慷慨的農夫

美國南部的一個州每年都舉辦南瓜品種大賽，有一個農夫的成績相當優異，經常是首獎及優等獎的得主，他在得獎之後，毫不吝惜地將得獎的種子分送給鄰居。

有一位鄰居就很詫異地問他：「你的獎項得來不易，每季都

Part 7
如果不能戰勝對手，那就加入他們─決定你上限的不是能力，而是你的眼界

看你投入大量的時間和精力來做品種改良，為什麼還這麼慷慨地將種子送給我們呢？難道你不怕我們的南瓜品種因此超越你的嗎？」

這位農夫回答：「我將種子分送給大家，幫助大家，其實也就是幫助我自己！」

原來，這位農夫所居住的城鎮是典型的農村形態，家家戶戶的田地都毗鄰相連，如果農夫將得獎的種子分送給鄰居，鄰居們就能改良他們南瓜的品種，也可以避免蜜蜂在傳遞花粉的過程中，將鄰近的較差的品種轉而傳染給自己，這樣農夫才能夠專心致力於品種的改良。

相反地，若農夫將得獎的種子私藏，則鄰居們在南瓜品種的改良方面勢必無法跟上，蜜蜂就容易將那些較差的品種傳染給農夫，如此一來，他反而必須在防範外來花粉方面大費周折而疲於奔命，那麼他改良南瓜品種的道路毫無疑問也就會越走越窄，越走越艱難。

3. 麻雀和紅襟鳥

在 1930 年代的時候，英國送奶公司送到訂戶門口的牛奶，既不用蓋子也不封口，因此，麻雀和紅襟鳥可以很容易地喝到凝固在奶瓶上層的奶皮。

後來，牛奶公司把奶瓶口用錫箔紙封起來，想防止鳥兒偷

吃。沒想到，20年後，英國的麻雀都學會了用嘴把奶瓶的錫箔紙啄開，繼續吃牠們喜愛的奶皮。相反的，同樣是20年，紅襟鳥卻一直沒學會這種方法，牠們當然也就沒有美味的奶皮可吃了。

這種現象引起了生物學家的興趣，他們對這兩種鳥類進行研究，從解剖的結果來看，牠們的生理結構沒有很大區別，但為什麼這兩種鳥在進化上卻有如此大的差別呢？原來，這與牠們的生活習性有很大的關係。

麻雀是群居的鳥類，常常一起行動，當某隻麻雀發現了啄破錫箔紙的方法，就可以教會別的麻雀；而紅襟鳥則喜獨居，牠們圈地為主，溝通僅止於求偶和對於侵犯者的驅逐，因此就算有某隻紅襟鳥發現錫箔紙可以啄破，其他的鳥也無法知曉。

對於物種來說，進化需要集體交流和行動，這樣，牠們中的任何一個有了新技能，才可以真正地發揚光大，使物種生生不息。

同樣，對於我們人類來說，想要取得成功，也離不開與他人的溝通與合作。當你孤身一人，與外界隔閡，閉關自守，你就會知道，做一件事是多麼困難，而成功又是多麼遙遠，要知道個人的力量往往微不足道，與他人合作才能產生更大的力量。

Part 7
如果不能戰勝對手,那就加入他們─決定你上限的不是能力,而是你的眼界

有大格局的人,不害怕樹敵,但更願意把對手變成朋友

世界上任何事都不是絕對的,今天的競爭對手,很可能就是明天的合作夥伴,一個有大格局的人,不害怕給自己樹立敵人,但更願意把對手變成朋友。

世界上任何事都不是絕對的,今天的競爭對手,很可能就是明天的合作夥伴,所以,你應該盡量多結識朋友,不可與朋友翻臉,香港大亨李嘉誠就將這一點做到了極致。

李嘉誠在商場上馳騁了半個多世紀,只有對手,沒有敵人。這麼多年來,任何一個國家的人,只要跟李嘉誠合作之後,都能成為好朋友,從來沒有因任何事鬧過不開心,這不得不令人在驚訝的同時又佩服得五體投地。

李嘉誠之所以能夠做到這些的原因,就在於他為人和善,善於化敵為友。

李嘉誠一貫的做人準則是「善待他人,做朋友不做敵人」,他在任何時候都不以勢壓人,即使對競爭對手亦是如此。

在收購置地公司時,李嘉誠與李兆基、鄭裕彤、榮智健組成財團,本已處於絕對優勢,但對方反對收購,李嘉誠遂決定放棄收購,固然有收購成本過高的考慮,尤難能可貴的是,李嘉誠沒有利用手中的股權逼迫對方高價贖回,而是以市價轉讓

有大格局的人，不害怕樹敵，但更願意把對手變成朋友

給對手，放棄了一個千載難逢的黃金機會，並且附帶了「7年之內不再收購」的條款，這就為以後雙方的合作埋下了伏筆。

對於競爭之後又能成為好朋友這點，最具有說服力的事情，莫過於與老競爭對手怡和的爭奪戰，那時，李嘉誠鼎力幫助包玉剛購得怡和所屬的臺柱──九龍倉，又從怡和所控制的英資置地手中購得港燈，還率領華商眾豪「圍攻」置地，然而李嘉誠並沒有為此而與怡和的高層紐壁堅、凱瑟克結為冤家對頭，在每一次「戰役」之後，他們都握手言和，繼續聯手發展地產專案。

正因為李嘉誠為人慷慨，並且講信用、夠朋友，所以，與他合作過的生意夥伴，從包玉剛到李兆基、鄭裕彤及榮智健，無一例外地成了他的朋友，在生意場上，李嘉誠與合作夥伴的關係是最為人所稱道的，儘管商場充滿了爾虞我詐、弱肉強食，但李嘉誠對朋友乃至商業上的夥伴，總是那麼的坦誠和磊落。

李嘉誠能夠將事業一步步做大，成為頂級商人，控有香港最大的綜合性財團，多年榮膺香港首富乃至世界華人首富就是得益於「做朋友不做敵人」這一做人原則。

所以說，朋友是非常重要的，就像紅頂商人胡雪巖所說的那樣：「一個人的力量到底是有限的，就算有三頭六臂，又辦得了多少事？要成大事，全靠和衷共濟，說起來我一無所有，有

Part 7
如果不能戰勝對手，那就加入他們─決定你上限的不是能力，而是你的眼界

的只是朋友，要拿朋友的事當自己的事，朋友才會拿你的事當自己的事，沒有朋友，就是有天大的本事，也還是沒有辦法。」

一個有大格局的人，不害怕給自己樹立敵人，但更願意把對手變成朋友。

不懂訣竅，如何讓生意來找你

「要照顧對方的利益，這樣人家才願意與你合作，並希望下一次合作。」

—— 李嘉誠

正所謂「獨木難成林」，沒有好人緣，不懂得與別人合作的人注定很難成功。華人首富李嘉誠在公布自己的生意經時就這麼說：「最簡單地講，人要去求生意就比較難，生意跑來找你，你就容易做，那如何才能讓生意來找你？那就要靠朋友。如何結交朋友？那就要善待他人，充分考慮到對方的利益。」正是李嘉誠那異常好的人緣關係為他的事業鋪平了道路。

善待他人，充分考慮到對方的利益是李嘉誠一貫的處世態度，這種處世態度，正體現了李嘉誠的眼界和格局，而這種格局，也成就了李嘉誠的香港首富地位。追隨李嘉誠 20 多年的洪小蓮在談到李嘉誠的合作風格時說：「凡與李先生合作過的人，

哪個不是賺得盤滿缽滿？」所以，李嘉誠才能擁有強大的「智囊團」，叱吒股壇的杜輝廉也是李嘉誠「智囊團」中的一位「客卿」。

杜輝廉是一位精通證券業務的專家，是長實多次股市收購戰的高級參謀，被業界稱為「李嘉誠的股票經紀」，備受李嘉誠的賞識。杜輝廉多次參與長實集團股權結構、股市集資、股票投資的決策，為李嘉誠在股票一級市場上的發行和二級市場上的收購立下了汗馬功勞。特別是在1987年香港股災之前，他成功地為長江實業集團集資100億港元。

不過，杜輝廉並不是李嘉誠屬下公司的董事，他多次謝絕李嘉誠邀請他擔任長實董事的好意，他是李嘉誠眾多「客卿」中唯一不支薪的人。這令重情重義的李嘉誠一直覺得欠他一份重情，總想著尋機報答於他。

1988年底，李嘉誠回報杜輝廉效力之恩的機會終於來了。那年，杜輝廉與梁伯韜合夥創辦百富勤融資公司，李嘉誠當即發動了連同自己在內的18路商界大廠參股，為其助威，在18路商界大廠的大力協助下，百富勤迅速成長，到1992年，該集團年盈利已達到了6.68億港元，成了商界名副其實的小巨人。此時，李嘉誠又帶領各大廠主動攤薄各自所持的百富勤股份，保證杜輝廉和梁伯韜兩人對百富勤公司的絕對控股權。

李嘉誠的投桃報李，知恩圖報，善結人緣，又使得杜輝廉更加專心一致地回報李嘉誠，甘願為李嘉誠服務，心悅誠服地充當李嘉誠的「客卿」。

Part 7
如果不能戰勝對手，那就加入他們－決定你上限的不是能力，而是你的眼界

從某種意義上來說，李嘉誠得眾人的大力相助，也是他「善有善報」的延伸，正所謂「家有梧桐樹，引得鳳凰來」，假如李嘉誠貪圖眼前利益，做生意時只想著自己，沒有善待他人、利益均霑這棵「梧桐樹」，又怎能引得諸如杜輝廉此類的「鳳凰」來棲呢？就是這個再簡單不過的原則——利益共享，讓李嘉誠結交了無數商界朋友，贏來了不可計數的財富，並一舉登上了香港首富、世界華人首富的寶座。

「要照顧對方的利益，這樣人家才願意與你合作，並希望下一次合作。」只要遵循李嘉誠做生意的這個訣竅，生意自然就會來找你。

如果不能戰勝對手，就加入到他們之中

當我們實力比較弱，又面對著強而有力的競爭對手的時候，共生的合作更能為我們掃清障礙，鋪平道路，開啟成功之門。

「如果你不能戰勝他們，你就加入到他們中去。」這是 1981 年出任美國通用汽車公司董事長羅傑・史密斯（Roger Smith）所倡導的原則，正是這個原則拯救了當時差點慘遭淘汰的通用汽車公司。

如果不能戰勝對手，就加入到他們之中

當時，世界石油供應處於暫時的緊張狀態，通用汽車的競爭對手豐田、本田等日本公司借勢強攻美國市場，並以其品質可靠、油耗低的優點屢屢攻城掠地，在這種淩厲的攻勢下，通用汽車在1980年代出現了成立以來的首次虧損。

眼看日本汽車的總產量超過美國，達到了1/4以上市占率，通用汽車公司董事長史密斯開始尋求變革。他在裁員數千人及削減開支的同時，將旨在替代日本進口車的J型車推向市場，但是這種設計上存在缺陷的車型一經推出就折戟沉沙。公司撤下J型車後，花費了上百萬美元研製S型車，但由於成本高，仍然無法與低廉的日本汽車抗衡。

既然在正面對決中無法取勝，史密斯乾脆偃旗息鼓，尋求合作，加入到競爭對手的陣營中去，從1981年8月開始，通用透過購買股權等方式，先後成了日本鈴木和五十鈴的合作者，讓這些公司為其生產低價位的汽車。

此後，經過數月的談判，在1983年，通用又與豐田汽車公司達成聯營協議，雙方在美國設立汽車製造工廠，這樣一來，雙方在史密斯原則下實現了雙贏：豐田由此可以避開美國貿易保護壁壘，不用擔心進口配額限制，可以直接進入美國市場；通用則透過合作獲得效能更好的產品和更先進的生產流程，以確保自己在以後的商業競爭中，不至於落後對手太遠。

事實上，史密斯這種加入對方的策略對通用的發展產生了至關重要的效果。如果他繼續把日本汽車當作敵人，堅持用自

Part 7
如果不能戰勝對手，那就加入他們─決定你上限的不是能力，而是你的眼界

主的品牌和技術來進行對抗，那麼，通用辛辛苦苦累積起來的市場占有率，就會很快被日益強勢的日本汽車吞食殆盡。

史密斯的這一原則為通用贏得了寶貴的時間，使得通用在與日本汽車工業的共生中鞏固了自己的市場，也為通用汽車開發自主的低耗小汽車新技術創造了條件，在短短三年內，通用汽車走出了虧損的谷底，取得了較大的營利。

在面對競爭時，一般人通常的想法都是「有你無我，誓不兩立」，總是採取一切可能的手段去擊敗競爭對手，將其逐出市場，但是，史密斯卻反其道而行之，轉過身去和競爭對手合作，建立策略聯盟，靠合作來競爭。因為他知道，硬碰硬的競爭往往是兩敗俱傷的結果，而在競爭中採取共生的合作卻不失為明智之舉。

當我們實力比較弱，又面對著強而有力的競爭對手的時候，共生的合作更能為我們掃清障礙，鋪平道路，開啟成功之門。

在微軟剛創業時，基本上沒有人知道比爾蓋茲和他的公司，與當時的電腦業大亨 IBM 相比，微軟簡直不值一提。

在當時，比爾蓋茲就已經認定，個人電腦將是電腦的主要發展方向，而為它服務的系統軟體也將越來越重要。於是，他組織人員日夜奮戰，開發研製新型的系統軟體。他聽說帕特森（Tim Paterson）所在的西雅圖電腦產品公司已經研製出一種稱為

Q-DOS 的作業系統,當即以合適價格買下其使用權和全部的所有權,之後組織自己的研究人員進行改進,終於研製出了自己的作業系統——MS-DOS 系統。

在當時,微軟公司力小利薄,根本無法完成自己的抱負,向社會推出這項產品,這時,比爾蓋茲想到了 IBM。

雙方合作的基礎首先是對雙方都有價值,在當時,IBM 想向個人電腦方向發展,但它必須有合作夥伴,IBM 雖然十分強大,但要完成此項開發,軟體上仍需合作,恰好,微軟公司在軟體開發方面的小有名氣和成果具有一定的優勢。

在與比爾蓋茲會面前,IBM 讓他簽署了一項保證不向 IBM 談任何機密的協議,IBM 經常採用這種辦法從法律上保護自己,這樣,IBM 今後即使從客戶的創意和資訊中賺錢,客戶也難以起訴,但是,從這例行公事中,蓋茲立即明白 IBM 是很認真地和他們商量合作事宜的,因為如果 IBM 不想和他談正經事的話,就不會擬協議,他興奮地對同伴說道:「夥伴們,機會來了。」

不過直到和 IBM 第二次見面後,蓋茲才意識到,IBM 準備插手個人電腦領域,當時,蓋茲只是希望如果能說服其使用微軟軟體就很好,於是,蓋茲對與 IBM 合作傾注了滿腔熱情,合約的第一項訂貨是作業系統,要完成 IBM 與微軟的合作專案,時間緊迫,軟體的成品須在 1981 年 3 月底前設計完成,比爾蓋

Part 7
如果不能戰勝對手,那就加入他們─決定你上限的不是能力,而是你的眼界

茲帶領自己的夥伴們,向 IBM 交了一份滿意的答卷。

不久,IBM 個人電腦研製成功了,微軟 DOS 也成為行業的唯一標準,自此,由於 IBM 個人電腦銷量日增,MS-DOS 的影響也與日俱增,為其開發的應用軟體也越來越多,從而更加鞏固了其基礎地位,最終,微軟成了最大的贏家。

透過與電腦業巨人 IBM 的成功合作,微軟挖到了自己至關重要的一桶金,正是這桶金成就了微軟後來的輝煌,微軟與 IBM 的合作很好地詮釋了競爭中的合作,它能為你減少阻力,使你的事業之路越走越寬。

大家都看好時,機會已老了

眼光決定你能否辨識時機,也決定了你能否第一時間抓住時機,不能快人一步的話就只能被別人排除在局外。

一場暴雨過後,村子裡陸陸續續有一些孩子拎著籃子向山坡跑去搶著撿蘑菇。

小詹妮問哥哥:「我們怎麼不去呢?」

哥哥說:「遲了,大的、好的都已經被人搶走了。」

詹妮感到遺憾,哥哥一笑,說:「喜歡撿蘑菇的話,我可以帶你去一個地方,不過有點兒遠,要翻一座山頭。」

詹妮趕緊換鞋,說:「現在就走。」翻過山頭時,他們發現,路上已經有一些附近村莊的人拎著籃子來來往往。表哥很懊惱:「又遲一步!不去了,我帶你去捉魚吧。」等他們到達捉魚的地方,早有幾個孩子在那裡彎腰忙碌著。

失望的哥哥臨時冒出個主意:採集雨後的野花,去公路上賣,沒想到「生意」竟然很好——不時有女乘客特意從旅遊車下來買他們的花。開始是兩毛錢一束,後來發現是「獨家經營」,就漲到一塊錢一束,照樣賣得很快,為提高效率,詹妮和表哥商量,一人負責採花,另一個負責賣花,輪流值班,那個下午,他們居然賺了幾十塊錢。

等到第二年,那裡的很多小孩子都學會了這一套,哥哥卻不肯再去賣花了,他告訴詹妮:別人都看好的事情,絕不要去參加,因為那個時候,機會就已經老了。換句話說,機會的最大價值往往掌握在第一個抓住它的人手上,這就像我們在等車的時候,如果你晚走一分鐘,就有可能要比別人晚半個小時才能到達目的地。

所以說,不能快人一步的話就只能被別人排除在局外。戴爾公司之所以能夠最終勝過規模大於自己的康柏公司,其主要原因就在於戴爾看到了個人電腦即將普及所帶來的機會,發揮直銷的優勢,以靈活的經營策略迅速崛起,搶先奪得個人電腦銷售市場的巨大市占率。

搶占先機才能跨入嶄新的境界,企業是這樣,個人也是這

Part 7
如果不能戰勝對手，那就加入他們－決定你上限的不是能力，而是你的眼界

樣。因此，要想成功，你就必須擦亮自己的眼睛，鍛鍊出犀利的觀察力，隨時留意周圍的環境和事態的發展，只有這樣，你才能在別人還沒有發現機會的時候抓住它，才能永遠走在前面，如果你慢了一步，遲了一分鐘，那機會就有可能被別人占去，稍有遲疑，等到大家都看好時，那機會也許就不屬於你了。

伊麗莎白（Elizabeth Rockefeller）是石油大王洛克斐勒（John Rockefeller）的女兒，像父親一樣，她對商業也具有濃厚的興趣，希望可以在商場上有所作為。在巴黎新產品的博覽會上，做了充分準備工作的伊麗莎白對某項產品專賣權志在必得，她幾乎要成功了，但最後還是遺憾地失去了這次機會，只因為她的決定晚了一個小時而已。

洛克斐勒聽說這件事後感到很遺憾，他尤其遺憾的是造成伊麗莎白失利的原因，伊麗莎白原本在跑道內側最有利的線路上跑著，占有絕對優勢，但由於她的重要決定晚了一步，使得在最後衝刺的關鍵時刻讓勝利落空了。

伊麗莎白在給父親的長途電話中懊惱地說道：「爸爸，博覽會的事您已經知道了吧？歐洲的這家公司竟然如此匆忙地指定美國代理店，我實在沒有料到，我以為可以花點兒時間，充分考慮之後再做出必要的決定。」

洛克斐勒在電話那邊安慰女兒：「孩子，不管怎樣，你已經盡力了。不過我只是想對你說，從事商業的人常見的缺點之一就是缺乏迅速、果斷的判斷力。如果放任緩慢的意志作決定，

其時間的浪費和低效率會給公司帶來極大的損失。」

伊麗莎白從這次失敗中得到了深刻的教訓，機會來臨時，看準了就下手，如果慢了、遲了，等到大家都看好時，這個機會也許就不再屬於你了。

如何看準時機

只有在恰當的時間，做恰當的事情，你才有成功的可能。

有位記者曾同老演員查爾斯‧科伯恩（Charles Coburn）進行過一次訪談，記者問的是一個很普通的問題：一個人如果要想在生活中做成大事，需要的是什麼？智力，精力，還是教育？

查爾斯‧科伯恩搖搖頭：「這些東西都可以幫助你成大事，但是我覺得有一件事更為重要，那就是 —— 看準時機。」

「這個時機。」他接著說：「就是行動或者按兵不動，說話或是緘默不語的時機，在舞臺上，每個演員都知道，把握時間是最重要的因素，我相信在生活中它也是個關鍵，如果你掌握了審時度勢的藝術，在你的婚姻、你的工作以及你與他人的關係上，就不必去追求幸福和成大事，它們會自動找上門來的！」

這位老演員是正確的，俗語云：英雄順時而動。只有在恰

Part 7
如果不能戰勝對手,那就加入他們—決定你上限的不是能力,而是你的眼界

當的時間,做恰當的事情,你才有成功的可能。那些反覆遭受挫折的人經常會對毫不留情的、不懷好意的世界感到洩氣,他們幾乎永遠意識不到他們一而再、再而三地努力卻換不回成功的原因,就是沒選擇好時機。

看準時機,簡單的四個字,要做到需要掌握以下兩點:

第一,你要學會在時機來臨的時候辨識它。在這個互相競爭的社會裡,真正的陷阱有時會偽裝成機會,真正的機會也會偽裝成陷阱,是不是機會,這需要你去判斷。

一位富翁在非洲狩獵,經過三個晝夜的周旋,一匹狼成了他的獵物。狩獵時,這匹狼被他追到一個近似於「丁」字的岔道上,正前方是迎面包抄過來的嚮導,他也端著一把槍,狼被夾在中間。

在這種情況下,狼本來可以選擇岔道逃掉,可是牠並沒有那麼做,反而迎著嚮導的槍口撲過去,準備奪路而逃,狼在奪路時被捕獲,牠的臀部中了彈。

當時那位富翁對狼的行為很不理解:狼為什麼不選擇岔道?難道那條岔道比嚮導的槍口更危險嗎?面對富翁的疑惑,嚮導說:「埃托沙的狼是一種很聰明的動物,牠們知道只要奪路成功,就有生的希望,而如果選擇沒有獵槍的岔道,必定死路一條,因為那條看似平坦的路上必有陷阱,這是牠們長期與獵人的周旋中悟出來的道理。」

的確,時機是一個不可捉摸的「傢伙」,時機來的時候並不

會大聲地告訴你,而且它還會以各種不同的面貌出現,這就需要你去留意、去判斷。

許多人都以為能夠判斷時機是一種天分,就像是具有音樂細胞的耳朵一樣,但實際情況並非如此。透過觀察那些似乎有幸具備這種天分的人,你會發現這是一種只要努力、只要時時留心任何人就都能獲得的技能。

要獲得這種技能,你必須加強自己的預見能力,未來並不是一本關上的書,大多數將要發生的事都是由正在發生的事所決定的,你可以根據現在的情況去判斷事情的發展,此外,你還要學會做一個局外人,以一個局外人的身分去了解其他人是怎樣看問題的,學會從不同的角度去看待周圍發生的事情。

第二,在看到時機後,你要在合適的時間採取行動,不能太早,也不能太晚,早了,時機不成熟;晚了,機會已經溜走。你必須學會根據不同時機來做出巧妙的安排,爭取做出成功之局,《舊約全書》也說:「世上萬物都有適逢的季節,而塵世間的每一項意圖也都有一個合宜的時間。」

已故的美國紐奧良市的約翰・迪勃特夫人是一位大慈善家。一個隆冬的晚上,她在翻閱一本雜誌時被一幅漫畫吸引住了,那是兩位衣衫不整的老婦人在微弱的火堆旁瑟瑟發抖,「妳在想什麼?」其中一個問道,另一個回答:「我在想,明年夏天那些闊太太們會把一些保暖的衣服給我們的。」

Part 7
如果不能戰勝對手，那就加入他們—決定你上限的不是能力，而是你的眼界

迪勃特夫人盯著這張漫畫看了好一會兒，最後，她爬上頂樓，開啟衣箱，把厚實的衣物打了好幾個捆，準備來日就去分發。

保暖的衣服在寒冷的冬天送出才最能體現出其價值，慈善活動在援助那些遇到燃眉之急的人們時才最有意義。所以說在合適的時間採取行動是非常重要的。

用自己的錢賺錢是「本事」，借別人的錢賺錢是「藝術」

西方生意經中有句名言：只有傻瓜才拿自己的錢去發財，聰明的人都善於借別人的錢去賺錢。現實中，「傻瓜」想創富，但又放不下面子去跟別人借錢，導致財富無法拓展。其實，放不下面子本身就是一種藉口，重要的是如何突破自己。

有些人向別人借錢，總是覺得難以啟齒，其實，向人借錢應當直截了當地提出來，不必囉哩囉嗦地向對方解釋一大堆，對方願意的話，你不用多說他也會借給你；反之，即使你有縱橫家的口才也不能幫自己借到一分錢。你直接提出借錢，對方不答應，你只要說聲「沒關係」，談不上什麼尷尬或者下不了臺；如果你先講了一大堆藉口，對方卻依舊拒絕，這樣反而使雙方都很尷尬。此外，借錢給對方時，雙方應先協商好還錢日期和

利息等事項，這樣就不至於讓對方產生「受人施捨」的感覺，心理上的障礙就可以順利地排除，朋友之間也不至於出現裂痕。

對我們大多數人來說，伸手向人借錢是一件十分困難的事，這主要是因為我們「缺錢花是不體面的」這種心理在作怪，在這種心理作用下，向人借錢時，我們總是不好意思開口，我們在向人借錢之前，先做一番充分的心理準備，包括考慮怎樣開啟話題，怎樣過渡到借錢之事上來等，等到真正面對借錢對象時，卻覺得最要緊的那句話猶若千斤重擔壓在心頭，難以吐出，結果，彼此都道了「再見」，還是沒提借錢之事！

有些人則有他們的「絕招」，向人借錢時，總要竭力掩飾缺錢花的真相，非要編出些「體面」的藉口才行，如「某某借了我的錢到了期仍未歸還」、「我銀行裡有錢，但取款不方便，先向你借一點兒，過幾天薪水發了就還你」、「這次出門錢帶少了點兒」……等，舉不勝舉。

其實，這些藉口都是毫無必要的，卡內基曾這樣對人們說：「你借錢的對象並不介意這些，他們十分明白你是在為自己找臺階下，以挽回些面子。他若願意幫助你，是不會追究你缺錢的原因的，也不會因為你向他借錢就小看你；如果他要蔑視你的話，你找藉口，他反倒在心裡譏笑你。」因此，借錢時，無須繞彎子，不妨開門見山地提出來。

Part 7
如果不能戰勝對手，那就加入他們—決定你上限的不是能力，而是你的眼界

借別人的錢來造勢

美國億萬富翁馬克‧哈羅德森說：「別人的錢是我成功的鑰匙。把別人的錢和別人的努力結合起來，再加上你自己的夢想和一套奇特而行之有效的方案，然後，你再走上舞臺，盡情地指揮你那奇妙的經濟管絃樂隊。其結果是，在你自己的眼裡，會認為不過是雕蟲小技，或者說不過是借別人的雞下了蛋，然而，世人卻認為你出奇制勝，大獲成功，因為，人們根本沒有想到，竟能用別人的錢為自己做買賣賺錢。」

沒有本錢怎樣發大財呢？借貸是行之有效的手段，當然，借錢就得付出利息，但你不要害怕，你利用別人的錢來賺錢，你贏得的部分，可能遠遠超出了你所付的利息。

美國船王丹尼爾‧洛維格的第一桶金，乃至他後來數十億美元的資產，都是借雞生的「金蛋」。可以說，他整個事業的發展是和銀行分不開的。

當他第一次跨進銀行的大門，人家看了看他那磨破了的襯衫領子，又見他沒有什麼可做抵押的，自然拒絕了他的申請。

他又來到大通銀行，千方百計總算見到了該銀行的總裁，他對總裁說，他買到貨輪後，立即改裝成油輪，他已把這艘尚未買下的貨輪租給了一家石油公司，石油公司每月付給的租金，就用來分期還他要借的這筆貸款，他說他可以把租契交給銀行，由銀行去跟那家石油公司收租金，這樣就等於在分期付款了。

用自己的錢賺錢是「本事」，借別人的錢賺錢是「藝術」

許多銀行聽了洛維格的想法，都覺得荒唐可笑。大通銀行的總裁卻不那麼認為。他想：洛維格一文不名，也許沒有什麼信用可言，但是那家石油公司的信用是可靠的，拿著他的租契去石油公司按月收錢，這自然會十分穩妥。

洛維格終於貸到了第一筆款，他買下了他所要的舊貨輪，把它改成油輪，租給了石油公司，然後又利用這艘船做抵押，借了另一筆款，從而再買一艘船。

洛維格的成功與精明之處，就在於他利用那家石油公司的信用來增強自己的信用，從而成功地借到了錢。

這種情形持續了幾年，每當一筆貸款付清時，他就成了這條船的主人，租金不再被銀行拿走，順順當當地進了自己的腰包。

當洛維格的事業發展到一定程度時，他嫌這樣貸款賺錢的速度太慢了，於是又構思出了更加絕妙的借貸方式。

他設計了一艘油輪或其他用途的船，在還沒有開工建造，處在圖紙階段時，他就找好一位主顧，與他簽約，答應在船完工後把它租給他。然後，洛維格拿著船租契約，到銀行去貸款造船。

他先後租借別人的碼頭和船塢，繼而借銀行的錢建造自己的船，從而有了自己的造船公司。

就這樣，洛維格靠著銀行的貸款，爬上了自己事業的巔峰。

Part 7
如果不能戰勝對手，那就加入他們―決定你上限的不是能力，而是你的眼界

　　俗話說：「造船不如買船，買船不如租船，租船不如借船。」借來大船，方能出得遠洋，格局大的人懂得在自己財力不足時，來借別人的錢充實自己，只有這樣，才能在財富之路上大步直前。

用自己的錢賺錢是「本事」，借別人的錢賺錢是「藝術」

國家圖書館出版品預行編目資料

翻轉格局,重新定義成功之路:永遠保有野心、偶爾「標新立異」、對抗內在焦慮⋯⋯當你選擇勇敢,人生從此無限延伸! / 西武 著. -- 第一版 . -- 臺北市:樂律文化事業有限公司, 2024.11
面; 公分
POD 版
ISBN 978-626-7552-83-4(平裝)
1.CST: 自我肯定 2.CST: 自我實現
177.2   113017435

電子書購買

爽讀 APP

臉書

翻轉格局,重新定義成功之路:永遠保有野心、偶爾「標新立異」、對抗內在焦慮⋯⋯當你選擇勇敢,人生從此無限延伸!

作　　者:西武
責任編輯:高惠娟
發 行 人:黃振庭
出 版 者:崧燁文化事業有限公司
發 行 者:崧燁文化事業有限公司
E - m a i l:sonbookservice@gmail.com
粉 絲 頁:https://www.facebook.com/sonbookss/
網　　址:https://sonbook.net/
地　　址:台北市中正區重慶南路一段 61 號 8 樓
8F., No.61, Sec. 1, Chongqing S. Rd., Zhongzheng Dist., Taipei City 100, Taiwan
電　　話:(02) 2370-3310　　傳　　真:(02) 2388-1990
印　　刷:京峯數位服務有限公司
律師顧問:廣華律師事務所 張珮琦律師

-版權聲明

本書版權為樂律文化所有授權崧燁文化事業有限公司獨家發行電子書及紙本書。若有其他相關權利及授權需求請與本公司聯繫。

未經書面許可,不得複製、發行。

定　　價:299 元
發行日期:2024 年 11 月第一版
◎本書以 POD 印製